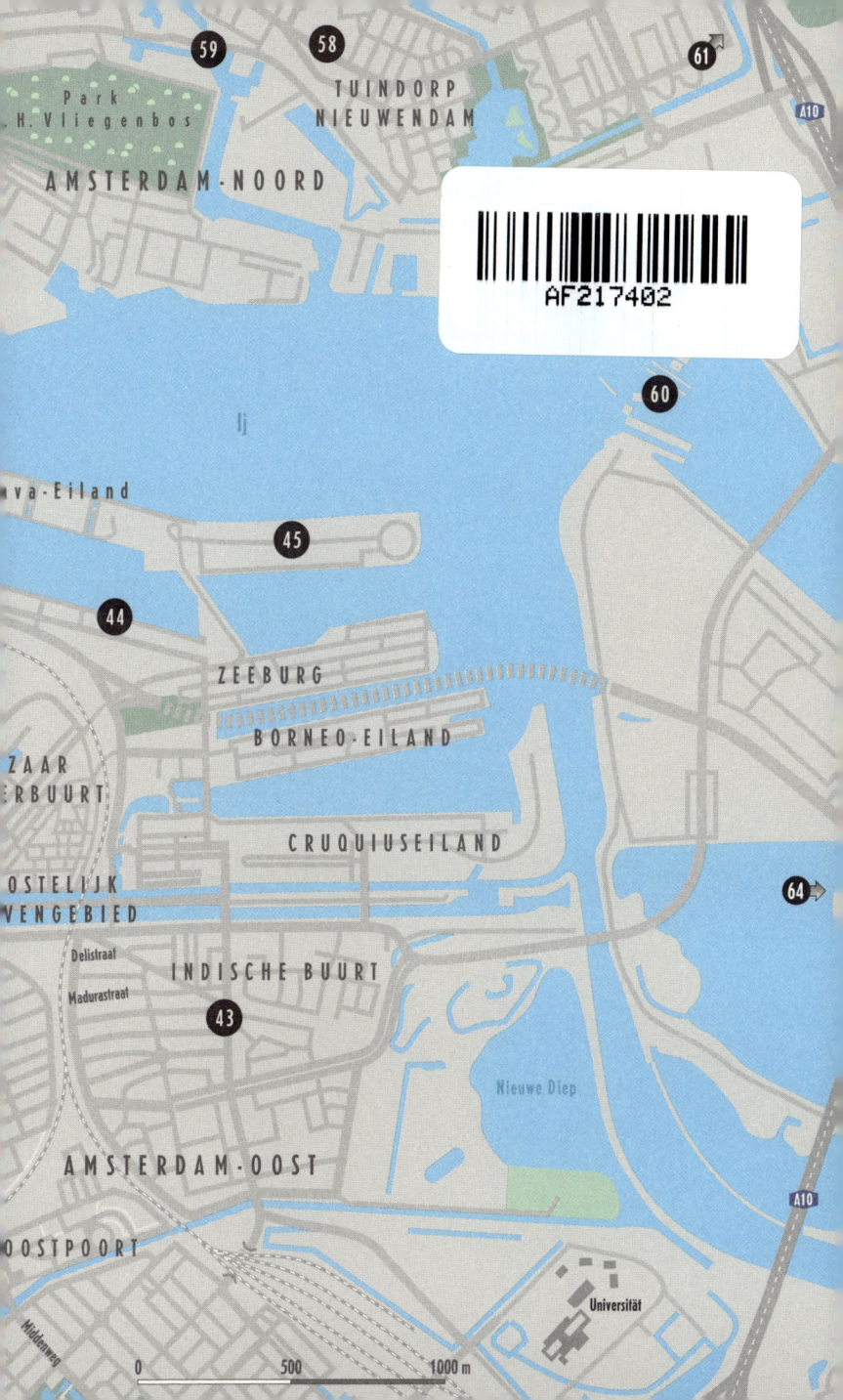

insel taschenbuch 4665
Bettina Baltschev
Amsterdam – Lieblingsorte

LIEBLINGSORTE

Insel

AMSTERDAM

BETTINA BALTSCHEV

MIT FOTOGRAFIEN DER AUTORIN

◎

Sämtliche Fotografien stammen von der Autorin; die Abbildung auf Seite 71 wurde von Deimel + Wittmar, Essen, zur Verfügung gestellt.

2. Auflage 2020

Erste Auflage 2019
insel taschenbuch 4665
Originalausgabe
© Insel Verlag Berlin 2019
Vertrieb durch den Suhrkamp Taschenbuch Verlag
Umschlaggestaltung und Layout: Marion Blomeyer, München
Illustrationen: Ryo Takemasa, Tokio
Karten: Peter Palm, Berlin
Satz: Greiner & Reichel, Köln
Druck: CPI – Ebner & Spiegel, Ulm
Printed in Germany
ISBN 978-3-458-36365-1

INHALTSVERZEICHNIS

Reise nach Amsterdam

Es ist noch gar nicht so lange her, da wurde die Ankündigung, nach Amsterdam zu reisen, mit einem vielsagenden Lächeln und der Unterstellung beantwortet, man würde da sicher nur wegen der *Coffeeshops* hinfahren. Diese Zeiten sind jedoch vorbei. Natürlich duftet es immer noch an einigen Ecken nach Marihuana, aber die einst leicht verwahrloste Hippie-Hauptstadt hat längst ein schickeres Gewand übergeworfen und gibt sich kultiviert. Düstere Ecken wurden restauriert, Baulücken gefüllt und Brachen bepflanzt. Der *Jordaan* beispielsweise, ein altes Arbeiterviertel, das lange als dunkel und feucht galt, ist nun ein beliebtes Wohn- und Ausgehviertel. Ähnlich das Viertel *De Pijp*. Wo früher kein Tourist zu sehen war, sind die Cafés und Restaurants heute gut besucht von Gästen aus aller Welt. Auch alle großen Museen der Stadt sind mittlerweile saniert und erweitert, von denen die wichtigsten am *Museumplein* ganz nahe beieinander versammelt sind. Nach zehnjähriger Restaurierung erstrahlt hier das *Rijksmuseum* in ungeahnter Pracht und empfängt jedes Jahr über zwei Millionen Besucher, denen es nichts auszumachen scheint, für Rembrandts *Nachtwache* eine Stunde anzustehen. Und da, wo Altes nicht erhalten werden musste, wurde Neues errichtet, so wie das architektonisch spektakuläre *EYE Filmmuseum* am nördlichen IJ-Ufer.

Es ist also nicht verwunderlich, dass Amsterdam heute zu den zehn populärsten Städten der

Welt gehört, sowohl für Touristen als auch für Geschäftsleute. Eine Tatsache, die Amsterdamer selbst zunächst erstaunt, dann begeistert und schließlich besorgt zur Kenntnis genommen haben. Nachdem sich die niederländische Hauptstadt lange vor allem um ihre Schönheit gekümmert hat, stehen momentan Sicherheit und Lebensqualität ganz oben auf der Agenda. Dabei braucht es gar nicht viel, um dem großen Trubel zu entfliehen. Man muss einfach nur die ausgetretenen Pfade meiden, sich nicht nur im historischen Zentrum tummeln und eigene Erkundungen anstellen (wobei dieses Buch gern behilflich ist).

Manch Amsterdamer mag sich angesichts der stetig steigenden Touristenzahlen insgeheim die Zeiten zurückwünschen, in denen einem zu Amsterdam nicht viel mehr als *Coffeeshops* einfiel. Aber wer in einer der schönsten Städte Europas lebt, muss sich nicht wundern, wenn alle Welt kommt und guckt ... und staunt.

Am IJ

Schönes
schlagendes Herz

AMSTERDAM CENTRAAL
STATIONSPLEIN
1012 AB AMSTERDAM

Normalerweise ist ein Bahnhof kein Ort, an dem ein Reisender freiwillig länger als nötig verweilt. Schnell will er weiter zu seinem eigentlichen Ziel, irgendwo in der Stadt. Doch wer am Hauptbahnhof von Amsterdam ankommt oder von dort abfährt, sollte sich ruhig einmal etwas Zeit nehmen, ihn etwas genauer zu betrachten. Denn wie die Stadt selbst ist *Amsterdam Centraal* ein Ort voller Gegensätze: historisch und modern, hektisch und ruhig, voller Menschen aus aller Welt. Kommt man von Deutschland aus mit dem Zug an, erhält man auf den letzten Metern vor Ankunft bereits einen schönen ersten Eindruck von Amsterdam. Links

liegen Straßen und Grachten, die immer enger und älter werden, je näher man dem Bahnhof kommt. Rechts durchquert man das moderne östliche Hafengebiet und hat Aussicht auf das von Fähren und Schiffen befahrene *IJ*.

Der Bahnhof selbst hat wie eine Medaille zwei sehr unterschiedliche Seiten. Vom Süden, also von der Stadtseite aus betrachtet, wirkt er wie ein Schloss. Ende des 19. Jahrhunderts nach Entwürfen des bekannten Architekten Pierre Cuypers auf 8687 hölzernen Pfählen errichtet, fast 300 Meter lang, mit architektonischen Anleihen an die Renaissance des 16. Jahrhunderts, aus rotem Backstein und weißem Sandstein gemauert, ist er reich verziert mit thematisch passenden Malereien, Schnitzereien und Bildhauereien. Besonders die beiden Türme links und rechts des Haupteingangs fallen ins Auge. Goldene Zeiger weisen am rechten Turm die Uhrzeit und am linken Turm die Windrichtung an.

Auch die zentrale Ankunftshalle erinnert eher an einen historischen Tanzsaal als an einen Bahnhof. Passenderweise ist hier ein Flügel aufgestellt, an dem jeder, der will und kann, spielen darf. Viele Reisende nehmen das Angebot gern an, und von Mozart bis Madonna ist das laufende Konzertprogramm so bunt gemischt wie seine Interpreten.

Durchquert man den Bahnhof

durch eine der Passagen, in denen sich Geschäft an Geschäft reiht, gelangt man auf die nördliche Seite von *Amsterdam Centraal* und hat mit wenigen Schritten eine kleine Zeitreise vollzogen. Denn dieser Teil ist funkelnagelneu, wurde erst 2016 fertig gestellt, und die Halle erinnert in ihrer Weite und Höhe an das Terminal eines Flughafens. Besonders für hungrige Reisende ist diese Halle der richtige Ort: Über ein Dutzend modern eingerichtete Lokale bieten schnelle Küche von Döner über Schnitzel bis Sushi. Und von allen Lokalen aus hat man Aussicht aufs *IJ* (ein Wort, das ursprünglich so viel wie ›Wasser‹ bedeutet und sich ›Ei‹ spricht). Einst war das *IJ* mit der *Zuiderzee* verbunden, dem Vorgänger vom *IJsselmeer,* heute ist es östlich von Deichen umgeben,

westlich können Schiffe den Amsterdamer Hafen über den Nordseekanal erreichen. Außerdem legen hinter dem Hafen die Fähren zum Stadtteil Amsterdam-Nord ab und steht hier die *Fietspont,* eine ausgediente Fähre, die zum Fahrradparkplatz für hunderte Drahtesel umfunktioniert wurde. Besonders im Sommer herrscht ein fröhlicher Betrieb auf dem Wasser, während auf den Gleisen des Bahnhofs permanent Züge aus dem In- und Ausland ein- und ausfahren. Aus ursprünglich sechs Bahnsteigen sind mittlerweile 15 geworden, zudem enden hier alle regionalen Buslinien, und auf der Stadtseite halten einige lokale Bus-, Tram- und Metrolinien. *Amsterdam Centraal* – es ist das so schöne wie tüchtig schlagende Herz des öffentlichen Nah- und Fernverkehrs der Stadt.

2

FÄHRE 903, 905, 906 NDSM

Selbstgemachte Stadt

STICHTING NDSM-WERF
TT NEVERITAWEG 61
1033 WB AMSTERDAM
TELEFON +31 (0)20 49 31 070
WWW.NDSM.NL

CRANE HOTEL FARALDA
NDSM-PLEIN 78
1033 WB AMSTERDAM
TELEFON +31 (0)20 76 06 161
WWW.FARALDA.COM

PLLEK
TT NEVERITAWEG 59
1033 WB AMSTERDAM
SO - DO 9.30-1 UHR / FR - SA 9.30-3 UHR
TELEFON +31 (0)20 29 00 020
WWW.PLLEK.NL

Obwohl Amsterdam, verglichen mit anderen europäischen Metropolen, relativ klein ist und jeder Winkel früher oder später erschlossen und bebaut wird, lassen sich auch hier immer noch Areale finden, deren Reiz darin liegt, dass sie unfertig und unaufgeräumt sind. Es sind Orte, die zunächst von Künstlern, Kreativen und unkonventionellen Gastronomen erobert werden, dann eine Weile als Geheimtipp gelten und schließlich als populäre Hotspots enden. In Amsterdam gilt dies unter anderem für die *NDSM-werf*, ein altes Werftgelände, das man unkompliziert und innerhalb weniger Minuten mit einer der Fähren erreicht, die hinter dem Bahnhof abfahren.

Zwischen 1946 und 1978 wurden hier von der *Nederlandsche Dok- en Scheepsbouw Maatschappij* (Niederländische Dock- und Schiffsbaugesellschaft) tatsächlich Schiffe gebaut und repariert, wovon immer noch Hallen, Kräne und ein altes U-Boot zeugen, das unweit der Fährstation im Wasser liegt.

An Land residieren heute auf dem weiträumigen Gelände alle denkbaren Varianten der Kreativindustrie, darunter Galerien, Kunst- und Musikfestivals, Vintage-Läden, außerdem Hostels, Hotels, Bars, Restaurants und Clubs. Und während in einige aufwendig sanierte Gebäude Start-up-Unternehmen eingezogen sind, vor denen sich jugendliche Anzugträger eine Bio-Zigarette genehmigen, kann man in einer der riesigen aufgelassenen Werfthallen bildenden Künstlern bei der Arbeit zusehen. Ihre vergleichsweise kleinen Parzellen haben sie individuell gestaltet, manche der Ateliers sind aus Metallwänden zusammengezimmert, andere gleichen Wochenendgrundstücken inklusive Bungalow und Campingstühlen. Der Geruch von rostigem Metall und Maschinenöl vermischt sich hier mit dem von Farben und Lacken, die Reste ehemaliger Schiffsbauanlagen verleihen dem Ort einen morbiden Charme.

Außer als Kreativzentrum firmiert das *NDSM*-Gelände als »Self Made City«, das heißt, es wird hier besonderer Wert auf Nachhaltigkeit und grüne Energie gelegt, weshalb es wohl kein Zufall ist, dass hier auch der niederländische Ableger von *Greenpeace* seinen Sitz hat.

Wer länger als ein paar Stunden auf dem Gelände verbringen will, kann das in einem der wohl verrücktesten Hotels der Welt, im *Crane Hotel Faralda*. Höhenangst darf man allerdings nicht haben, denn die drei Design-Suiten befinden sich auf den Plattformen eines umgebauten Werftkrans, die höchste Suite liegt 45 Meter hoch. Wer die *NDSM-werf* lieber ebenerdig erkundet, dem sei zum Abschluss des Tages der Besuch von *Pllek* empfohlen. Dabei handelt es sich um die gelungene Mischung aus Bio-Restaurant, Club und Stadtstrand. Während man im Restaurant der im industriellen Chic gestalteten Halle ökologisch wertvoll speisen kann, finden vor dem Lokal in den warmen Monaten regelmäßig Live-Konzerte, Open-Air-Kino-Vorstellungen, Yoga-Workshops und Kinderprogramme statt. Am schönsten ist es aber, an einem Sommerabend in einem der Liegestühle die Aussicht auf die Skyline von Amsterdam zu genießen. Romantischer wird's nicht.

Hoher Hafensender

REM-EILAND
HAPARANDADAM 45
1013 AK AMSTERDAM
TÄGLICH 12-22
TELEFON +31 (0)20 68 85 501
WWW.REMEILAND.COM

Sandige Wege, grobe Straßendecken und Bauzäune bestimmen den Weg entlang des Hafens in Richtung Westen, denn einige Kilometer von *Amsterdam Centraal* entfernt ist ein völlig neues Wohngebiet im Entstehen: der *Houthaven* (Holzhafen), wo, wie der Name schon sagt, einst vorrangig Holz angeliefert wurde. Doch weil hier, wie an anderen Orten der Stadt auch, der Hafenbetrieb längst eingestellt wurde, wird nun auf sieben künstlichen Inseln gebaut, 1700 Wohnungen und unzählige Büros sollen für die schnell wachsende Stadt entstehen. Als besonders spektakulär gilt das *Ponsteigergebouw*, ein unübersehbarer, 25 Etagen hoher Apartmentkomplex in Form

eines Stuhls. Hier befindet sich unter anderem die derzeit teuerste Wohnung der Stadt, die sich – noch bevor der erste Stein verbaut war – ein Amsterdamer Unternehmer für 16 Millionen Euro gesichert hat.

Origineller als dieser megalomane Bau ist jedoch ein merkwürdiges rot-weißes Metallkonstrukt auf Stelzen, das am *Haparandadam* im Wasser steht. Auf den ersten Blick erinnert es an eine Bohrinsel im Miniaturformat. Und in der Tat stand dieses Konstrukt bis 2006 weit draußen in der Nordsee, allerdings wurde hier kein Öl oder Gas gefördert, sondern privates Radio und Fernsehen produziert. Weil das in den 1960er Jahren auf dem Gebiet der Niederlande noch nicht möglich war, gründete 1963 ein wohlhabender Reeder die *Reclame Exploitatie Maatschappij* (Gesellschaft zur Nutzung von Werbung) und ließ eine Hochsee-Plattform außerhalb der niederländischen Hoheitsgewässer errichten, von der ab 1964 *TV Noordzee* unter anderem populäre amerikanische Serien ausstrahlte. Der Sendebetrieb dauerte jedoch nur ein paar Monate, bevor der niederländische Staat sein Hoheitsgebiet erweiterte, die Sendestation räumen ließ und sie später selbst als Messstation nutzte. 2006 wurde die Plattform aufgrund ihres schlechten Zustandes abgebaut und an Land gebracht und landete schließlich 2011 über Umwege im Amsterdamer *Houthaven*.

Seitdem ist in dem zweistöckigen *REM-eiland* unter anderem ein Restaurant untergebracht, von dem man 22 Meter über dem *IJ* eine phantastische Aussicht auf das Hafengebiet hat. Es ist über eine schmale Treppe oder mit dem Fahrstuhl erreichbar und mit stabilen Holztischen und einfachen Möbeln eingerichtet. Einige technische Armaturen erinnern noch an die ursprüngliche Funktion. Die Küche im *REM-eiland* ist so handfest, wie man es auf einer Hochsee-Plattform erwarten würde, und reicht von Kabeljau über Perlhuhn bis New York Cheese Cake, außerdem wird ein wechselndes 3-Gänge-Menü angeboten.

Mit einer 180-Grad-Aussicht auf Amsterdam und das im Westen noch recht roh und wild daherkommende Hafengebiet kann man hier ein paar erinnungswürdige Stunden verbringen. Aber Achtung: Da dieser besondere Ort gern für Feste und Veranstaltungen gebucht wird, sollte man vorab reservieren.

Nieuwmarkt
en Lastage

4

Wild romantisch

CAFÉ HANNEKES BOOM
DIJKSGRACHT 4
1019 BS AMSTERDAM
SO - DO 11-1, FR - SA 11-3
TEL: +31 (0)20 41 99 820
WWW.HANNEKESBOOM.NL

Draußen und am Wasser: Im Sommer sind das die besten Orte in Amsterdam. Und eigentlich findet man in der ganzen Stadt größere und kleinere Terrassen und Biergärten, die manchmal nur aus ein paar Bänken und Stühlen bestehen. Doch während an den Grachten die Aussicht oft von Autos, Fahrrädern und Touristen verstellt ist, sitzt man im *Café Hannekes Boom* immer in der ersten Reihe. Mit dem Auto kommt man hier nämlich gar nicht hin. Unweit von *Amsterdam Centraal* liegt das Café hinter der neuen *oba*, der Öffentlichen Bibliothek von Amsterdam, die, 2007 an diesem Standort eröffnet, auch einen Besuch wert ist. Unter anderem befindet

sich hier das größte Homo/Lesbische Dokumentationszentrum Europas, das IHLIA.

Hinter der *oba* überquert man eine Fußgängerbrücke und kann schon die Terrasse vom *Café Hannekes Boom* sehen, die wild romantisch unter Bäumen liegt. Der Name des Cafés verweist wie so oft auf die Geschichte des Ortes, denn ursprünglich standen hier Wachhäuschen, in denen Matrosen die Zufahrt vom Hafen in die Stadt kontrollierten. Diese Häuschen waren auf hölzernen Pfählen errichtet, die man *boom* nannte, dazu hatte jede Zufahrt ihren eigenen Namen. In diesem Fall war es *Hanneke*, deren Geschichte bis ins 17. Jahrhundert zurückreicht.

Heute muss hier nichts mehr bewacht werden, stattdessen sitzt man an langen Picknicktischen oder lässt die Beine über die Kaimauer baumeln und hat einen schönen Blick auf das Amsterdamer Science Museum *NEMO,* die Bibliothek und die Amsterdamer Altstadt. Aus dem einstigen Wachhäuschen ist heute eine Art Strandhütte geworden, wo man an einer robust zusammengezimmerten Bar seine Getränke selber abholt und Essen bestellt, das zum Ort passt, Fisch, Fleisch und Gemüse zu erschwinglichen Preisen. Am Abend gibt es oft Live-Musik und am Wochenende legen DJs auf. Dann wird der Ort zur Partyzone.

5

BUS 32, 33 PRINS HENDRIKKADE

Schiffe ziehen

Eine Stadt am Wasser ist doch immer auch ein Sehnsuchtsort, und in Amsterdam ist es besonders leicht, all den großen und kleinen Schiffen dabei zuzuschauen, wie sie Richtung weite Welt ablegen, und sich dabei vorzustellen, man könnte selbst dem alten Leben einfach davonsegeln, wenigstens für eine Weile.

Es gibt einen Ort, der eine besonders schöne Kulisse für solche Träume abgibt, der *Museumhaven*. Etwas versteckt liegt er zwischen *NEMO*, dem Amsterdamer Science Museum, das unweit von *Amsterdam Centraal* wie eine grüne Badewanne im Wasser liegt, und dem Schifffahrtsmuseum. Dicht an dicht haben hier am *Oosterdok* zwei Dutzend histori-

MUSEUMHAVEN
OOSTERDOK 12
1011 VX AMSTERDAM
WWW.MUSEUMHAVENAMSTERDAM.NL

sche Binnenfahrt-Schiffe angelegt, von denen jedes mindestens fünfzig Jahre alt ist. Die meisten Boote sind jedoch über hundert Jahre alt und tragen sprechende Namen, zum Beispiel heißt eines *Avontuur* (Abenteuer) und eines *De tijd zal 't leren* (Die Zeit wird es lehren). *Trots alles* (Stolz auf alles) heißt ein 1940 getauftes Schiff, dessen Name wohl als widerständiger Hinweis an die deutschen Besatzer gedacht war, die im Mai desselben Jahres die Stadt okkupierten. Obwohl der *Museumhaven* sehr zentral liegt, ist es hier vergleichsweise ruhig, kann man die schönen alten Boote ungestört anschauen und ihre Geschichte auf wasserfesten Schildern nachlesen. Besonders beeindruckend ist eine Fotografie zum *Sleepspits Addio*. Darauf sieht man zwei Frauen, die dieses Schiff mit großer Anstrengung durch einen Kanal ziehen. Denn bis Mitte des 20. Jahrhunderts war es in den Niederlanden, in Belgien und in Frankreich tatsächlich üblich, auch große Boote mit Menschenkraft durch schmale Gewässer zu ziehen.

Und während man so am *Museumhaven* mit seinen Tjalks, Klippern und Motorbooten eine kleine Lektion Geschichte einer Seefahrernation erhält, ankert unweit die Gegenwart. Am *Passenger Terminal Amsterdam* liegen schwimmende Wolkenkratzer und erfüllen die Sehnsüchte von tausenden Passagieren.

6

Jüdische Spurensuche

Bonn, Keulen, Mentz, Mannheim, Coblenz: Die Städtenamen an den alten Speichern in der *Nieuwe Uilenburgerstraat* klingen sehr vertraut in den Ohren deutscher Besucher. Doch hinter den grün gestrichenen Fensterläden wird längst nichts mehr gespeichert, sondern sind Wohnungen eingerichtet, die in dieser ruhigen Straße mitten in der Stadt heiß begehrt sind. Außerdem lebt man hier auf einer Insel, und schon das ist etwas Besonderes. Denn ausgehend von seinem alten Zentrum rund um den *Dam* ist Amsterdam über die Jahrhunderte immer weiter gewachsen, und dem Wasser wurde stetig neues Land abgerungen, um es zu bebauen. Und so entstanden

NIEUWE UILENBURGERSTRAAT
1011 LM AMSTERDAM

nordöstlich des ältesten Stadtteils, den *Wallen,* drei künstliche Inseln: *Rapenburg, Marken* und *Uilenburg.* Doch während *Rapenburg* und *Marken* nicht mehr als Inseln erkennbar sind, ist *Uilenburg* (Eulenburg) bis heute nur über drei Brücken erreichbar, von der *Jodenbreestraat,* der *Oudeschans* und der *Rapenburg* aus. Anfangs diente das Gelände vor allem als Standort für Werften, Holzlager und Ankerschmieden. Doch bald zogen die Schiffsbauer und Handwerker weiter ins leichter zugängliche östliche Hafengebiet, und die *Uilenburg* wurde Wohngebiet für Arbeiter und Kleinbürger, zu denen sich osteuropäische Juden fügten, die vor Pogromen geflüchtet wa-

ren und hier billigen Wohnraum fanden. Sie errichteten hier 1765 die *Uilenburger Synagoge,* die bis heute genutzt wird. 1879 folgte der Bau der bis dahin größten Diamantschleiferei der Welt, ein Handwerksbereich, der traditionell in jüdischer Hand lag. Der kontinuierliche Zustrom weiterer Flüchtlinge sorgte jedoch schnell für überfüllte Häuser und Straßen und in den 1920er Jahren wurden große Teile des Gebiets für unbewohnbar erklärt und abgerissen. Mit der *Nieuwe Uilenburgerstraat* entstand danach eine Mittelachse auf der Insel, die links und rechts im damals äußerst populären Stil der Amsterdamer Schule bebaut wurde. Unterhalten wurden die Wohnungen vom *Baufonds Handwerker Vriendenkring,* einer gemeinnützigen jüdischen Stiftung, die sich um vernünftige Wohnbedingungen für die ärmere jüdische Bevölkerung kümmerte. Während der deutschen Besatzung in den Jahren 1940 bis 1945 wurde diese Stiftung jedoch verboten, und *Uilenburg* gehörte zum sogenannten *Judenviertel 1,* das von den Nationalsozialisten abgeriegelt wurde. Fast alle Bewohner der *Uilenburg* wurden deportiert, aus den leerstehenden Häusern wurde im Amsterdamer Hungerwinter 1944/45 jegliches brennbares Material herausgerissen. Heute durchquert man hier eine beschauliche Wohnstraße, in der sich alte Speicher, Gebäude der Amsterdamer Schule und Neu-

bauten abwechseln. An einer Häuserwand sind große Tafeln mit historischen Fotos angebracht, die einen Eindruck vermitteln, wie es hier vor hundert Jahren ausgesehen hat. Es sind Marktimpressionen, die daran erinnern, dass am anderen Ufer der kleinen Insel, da, wo man auf die *Jodenbreestraat* stößt, schon der *Waterlooplein* liegt. Das war einst der größte jüdische Wochenmarkt der Stadt, auf dem sich die Bewohner des jüdischen Viertels – ein Ghetto hat es bis 1940 in Amsterdam nie gegeben – mit allem versorgten, was sie zum Leben brauchten. Auch hier sind alle Spuren verwischt. Der *Waterlooplein* ist zum Flohmarkt mit dem typischen Großstadttand geworden.

Feste Burg

Ob ein *koffie* am Morgen, ein *broodje* zum Mittag oder ein *biertje* am Abend: Der *Nieuwmarkt* am Rand der *Wallen* ist eines der vielen öffentlichen Wohnzimmer Amsterdams. Cafés, Bistros und *Snackbars* – wie man in Holland die Fastfood-Imbisse nennt – reihen sich aneinander und sind zu jeder Tages- und Nachtzeit gut besucht. Doch egal, wo man sich niederlässt oder einkehrt, überall hat man einen guten Blick auf *De Waag* (die Waage). Massiv und unerschütterlich wie eine Burg thront sie mitten auf dem Platz und kommt für das von eleganten Grachtenhäusern verwöhnte Auge doch eher ungewöhnlich daher. Das liegt daran, dass es sich hier ursprüng-

CAFÉ IN DE WAAG
NIEUWMARKT 4
1012 CR AMSTERDAM
TÄGLICH AB 9
TELEFON: +31 (0)20 42 27 772
WWW.INDEWAAG.NL

RESTAURANT - CAFÉ **IN DE WAAG**

lich um ein Stadttor handelte, das im 15. Jahrhundert als *Sint Antoniespoort* (Tor des heiligen Antonius) erbaut worden war, als Eckpfeiler der mittelalterlichen Stadtbefestigung Amsterdams. Doch die verlor ihre eigentliche Funktion, als die Stadt weiter wuchs. Mauern wurden abgerissen, Türme und Tore erhielten neue Aufgaben. So war *De Waag* über die Jahrhunderte unter anderem Gildehaus, Museum, Feuerwehrkaserne, anatomisches Theater und eben Waage. Ende des 19. Jahrhunderts schien es, als müsse auch diese Trutzburg endgültig weichen. Statt ihrer sollte an dieser Stelle nämlich eine römisch-katholische Kathedrale errichtet werden. Doch diese Pläne scheiterten, *De Waag* blieb stehen und wurde im 20. Jahrhundert eine Weile als Museum genutzt, bevor sie wieder einige Jahre leer stand und dem Verfall preisgegeben war. Ein Anblick, den die Anwohner am *Nieuwmarkt* nicht lange ertrugen. Auf ihre Initiative hin wurde das Gebäude in den 1990er Jahren restauriert. Heute befindet sich in der Waage das *Café in de Waag*. Der Nieuwmarkt ist um eine zentrale Terrasse reicher, auf der selbstverständlich auch *koffie*, *broodjes* und *biertjes* gereicht werden. Das Wohnzimmer ist wieder perfekt eingerichtet.

Auf
den Wallen

8

Tränenreicher Abschied

VOC CAFÉ SCHREIERSTOREN
PRINS HENDRIKKADE 94 / 95
1012 AE AMSTERDAM
SO - DO 10-1, FR - SA 10-2.30
TELEFON +31 (0)20 42 88 291
WWW. SCHREIERSTOREN.NL

Es ist ein unverrückbares Klischee, das Amsterdam bis heute nicht losgeworden ist: der Ruf als sündige Stadt, in der Sex und Drogen an jeder Ecke zu haben sind. Und auch wenn seit einigen Jahren viel dafür getan wird, dieses Klischee abzuschütteln, kann man ihm auf den *Wallen* weiterhin begegnen. Spärlich bekleidete Prostituierte warten hinter rötlich glimmenden Fenstern und bei offenen Vorhängen auf Freier. Ein geschlossener Vorhang signalisiert den Vollzug. Sexclubs und Nachtbars haben fast rund um die Uhr geöffnet, Touristen aus aller Welt schieben sich bei Tag und bei Nacht durch die engen Gassen, und vermutlich haben die wenigsten von ih-

nen ein Auge für die architektonischen Details des Viertels.

Dabei gehören die *Wallen* zum ältesten Teil der Stadt überhaupt, geht doch schon ihr Name weit ins Mittelalter zurück. Hier stehen Häuser, die bis zu 400 Jahre alt sind, und finden sich Reste der ursprünglichen Stadtbefestigung. Ein besonders markantes Überbleibsel davon ist der *Schreierstoren* an der *Geldersekade*, Ecke *Prins Hendrikkade*. Es ist der einzige noch erhaltene Verteidigungsturm der Stadt. Um 1487 erbaut, bildete dieser Turm den nordöstlichsten Punkt der Stadtmauer und lag tatsächlich noch am *IJ*, das später mehrere hundert Meter nach Norden zurückgedrängt wurde. Eigentlich hieß der runde Turm *Schrayershoecktoren*, was man mit »Turm zur scharfen Kurve« übersetzen könnte, da die Stadtmauer hier tatsächlich sehr spitz zulief. Zum *Schreierstoren* (Schrei-Turm) wurde er im Volksmund, weil hier in den Hochzeiten des kolonialen Fernhandels im 17. und 18. Jahrhundert Frauen tränenreich Abschied von ihren zur See fahrenden Männern nahmen.

Dass dieser Turm eine – wenn auch sehr kleine – Rolle bei der Eroberung Amerikas hatte, davon zeugt seit 1927 eine Plakette an der nordöstlichen Mauer, angebracht auf Initiative der New Yorker *Greenwich Village Historical Society*. Sie erinnert daran, dass der englische Seefahrer und Forschungsreisende Henry Hudson am 4. April 1609 vom *Schreierstoren* aus mit seinem Schiff *Halve Maen* (Halbmond) aufbrach, um einmal mehr die Neue Welt zu erkunden. Vier Monate später fuhr er im Osten Nordamerikas einen Fluss entlang, der heute seinen Namen trägt und an dessen Ufer New Jersey und New York liegen. Eine Stadt, die zunächst einige Jahrzehnte *Nieuw Amsterdam* hieß, bevor sie von britischen Streitkräften erobert wurde. Vom niederländischen Erbe zeugen zumindest noch die Namen der Stadtteile Harlem und Brooklyn, die von den Orten Haarlem und Breukelen abgeleitet wurden. Und mit etwas Phantasie erinnern auch die berühmten Brownstones, die rötlichen Reihenhäuser in Brooklyn, ein wenig an die Grachtenhäuser im alten Amsterdam.

Das wuchs trotz der Verluste in Übersee weiter, wurde zu groß für mittelalterliche Stadtmauern, so dass der *Schreierstoren* seine ursprüngliche Funktion bald verlor. Seit der Restaurierung im Jahr 1966 befinden sich im *Schreierstoren* ein historisch eingerichtetes Café und eine Buchhandlung, die auf Schiffskarten und Schiffsbücher spezialisiert ist.

Kirche unterm Dach

ONS' LIEVE HEER OP SOLDER
OUDEZIJDS VOORBURGWAL 38
1012 GD AMSTERDAM
MO - SA 10-18, SO 13-18
TELEFON +31 (0)20 62 46 604
WWW.OPSOLDER.NL

Eine Kirche ist normalerweise unübersehbar, dafür sorgt schon der Kirchturm. Auch Amsterdam ist reich an Kirchen und Türmen, die die vergleichsweise niedrigen Häuser um einige Meter überragen. Die *Oude Kerk* (Alte Kirche) auf den *Wallen* zum Beispiel wurde vor über 700 Jahren erbaut und ist damit die älteste Kirche der Stadt. Der Anblick dieses religiösen Ortes inmitten des Rotlichtviertels ist durchaus gewöhnungsbedürftig, hat aber gleichzeitig einen besonderen Reiz, wenn man bedenkt, wie nahe Sünde und Erlösung hier beieinanderliegen. Die *Nieuwe Kerk* (Neue Kirche) am *Dam* ist die zweitälteste Kirche der Stadt, sie ist um einiges größer,

Katholiken, Mennoniten und Lutheraner mit sogenannten *schuilkerken*, Kirchen, die sich hinter den Fassaden von Bürgerhäusern verbargen. Die schönste dieser versteckten Kirchen befindet sich am *Oudezijds Voorburgwal*. Von außen ein typisches Grachtenhaus aus rötlichem Backstein und mit weißen Fensterrahmen, muss man einige Treppen steigen, um ins Dachgeschoss zum Kirchenraum von *Ons' Lieve Heer op Solder* zu gelangen. Der Name, den man mit »Unser lieber Herr auf dem Dachboden« übersetzen kann, ist also wörtlich zu nehmen und birgt einige Überraschungen. Allein die Ausmaße sind beeindruckend, hatte doch der aus Deutschland stammende katholische Stoffhändler Jan Hartman Ende des 17. Jahrhunderts gleich drei hintereinanderliegende Häuser gekauft und deren Dachböden zu einem großen Raum zusammengefügt. Und so kommt man sich, einmal dort angelangt, wie in einer gediegenen Dorfkirche vor, mit Altar, Altarbild, Kirchenbänken, Beichtstuhl, Empore und Marienkapelle. Tatsächlich werden hier seit einiger Zeit hin und wieder heilige Messen und Trauungen abgehalten. Die Einrichtung der Kirche geht allerdings nicht auf die Jahre ihrer Entstehung zurück, sondern auf eine umge-

und neben Gottesdiensten und Veranstaltungen finden hier die Trauungen, Krönungen und Beerdigungen der königlichen Familie der Niederlande statt. Den schönsten Glockenschlag der Stadt hat schließlich die *Westerkerk* an der *Prinsengracht*, davon kann man sich jede Stunde überzeugen.

Allerdings gibt es in Amsterdam auch Kirchen, an denen man leicht vorbeiläuft, die man einfach übersieht. Denn als die Stadt im 17. und 18. Jahrhundert vorrangig calvinistisch geprägt war, wurden andere Glaubensrichtungen zwar geduldet, hatten aber nicht das Recht, ihren Glauben öffentlich und sichtbar zu leben. Darum behalfen sich baute Version aus dem 19. Jahrhundert. Wie ein Amsterdamer Grachtenhaus im 17. Jahrhundert ausgesehen hat, das kann man in den unteren Etagen erfahren. Dort lässt sich unter anderem das Wohn- und Schlafzimmer der siebenköpfigen Familie Hartman besichtigen, das im Gegensatz zum edlen, mit Marmorboden ausgelegten Empfangsraum eher schlicht und nüchtern daherkommt. Im Erdgeschoss liegt die Küche, die ebenfalls originalgetreu wiederhergestellt wurde. Mittlerweile ist das Museum *Ons' Lieve Heer op Solder* besucherfreundlich restauriert worden, ein moderner Eingangsbereich im Nachbarhaus informiert über diese prächtige *schuilkerk,* die sich längst nicht mehr verstecken muss, ganz im Gegenteil.

Blühende Lotusblume

FO GUANG SHAN HE HUA TEMPEL
ZEEDIJK 106-118
1012 BB AMSTERDAM
DI - SA 12-17, SO 10-17
TELEFON: + 31 (0)20 42 02 357
WWW.IBPS.NL

Knusprig gegrillte Pekingenten, enorme Säcke mit Reis, zierliche Dosen mit grünem Tee und die ewig winkenden goldenen Blechkätzchen in den Schaufenstern kleiner Läden und Restaurants – auch Amsterdam hat sein *China Town*. Das kommt allerdings, verglichen mit seinen Pendants in amerikanischen Großstädten, in denen zehntausende chinesische Emigranten ganze Straßenzüge erobert haben, eher übersichtlich, fast bescheiden daher. Eigentlich sind es nur ein paar Gassen, doch immerhin, zwischen den *Wallen* und dem *Nieuwmarkt* tragen einige Straßenschilder nicht nur niederländische, sondern auch chinesische Namen

und markieren so den ältesten chinesischen Stadtteil auf dem europäischen Festland. Schon 1911 strandeten die ersten chinesischen Seeleute in Amsterdam. Sie hatten für niederländische und für englische Reedereien gearbeitet, fanden im Zuge wirtschaftlicher Krisen keine Arbeit mehr, und Geld für eine Heimfahrt hatten sie auch nicht. Zunächst hielten sie sich deshalb mit Gelegenheitsjobs über Wasser und boten bald – Not macht erfinderisch – selbst gemachte chinesische Süßigkeiten an, die bei den Amsterdamern gut ankamen. 1928 wurde das erste chinesische Restaurant eröffnet, dem viele weitere folgen sollten. Dazu kamen chinesische Massagesalons, Arztpraxen, Geschäfte und Friseure. Bis heute arbeitet fast die Hälfte der 16 000 in Amsterdam lebenden Chinesen in der Gastronomie. Unweit vom Hauptbahnhof ist das schwimmende, in chinesischem Baustil errichtete Restaurant *Sea Palace* längst zur Sehenswürdigkeit geworden. Doch die Hauptschlagader asiatischen Lebens in Amsterdam bildet der *Zeedijk,* der von den Chinesen lautmalerisch *Sin Tag Kai* genannt wird. Hier steht auch der größte buddhistische Tempel chinesischer Bauart, der *Fo Gang Shan He Hua Tempel*, der im Jahr 2000 von Königin Beatrix persönlich eröffnet wurde. Der Name ist auf Niederländisch genauso lang und kompliziert wie auf Chinesisch und bedeutet so viel wie »Für den Buddhismus in den Niederlanden eine blühende Lotusblume, die uns Hoffnung gibt«. Bewohnt wird dieser Tempel von einer Äbtissin und vier Nonnen, gewidmet ist er Guan Yin, einem weiblichen Abbild Buddhas, die für Familienleben steht. Eine Statue Guan Yins kann man im Tempel besichtigen.

Ein wichtiger Höhepunkt im chinesischen Kalender ist das Neujahrsfest, das natürlich auch in Amsterdams *China Town* begangen wird. Dann tanzen Löwen aus Papier auf dem *Nieuwmarkt* und vertreiben bunte Drachen die bösen Geister des alten Jahres, während das neue Jahr mit sehr viel chinesischem Feuerwerk begrüßt wird. An allen anderen Tages des Jahres hat sich das Amsterdamer *China Town* übrigens längst globalisiert. Menschen aus allen Himmelsrichtungen kehren hier nicht nur in chinesische, sondern auch in japanische, koreanische und thailändische Geschäfte und Restaurants ein. Das goldene Kätzchen winkt ihnen allen freundlich zu.

Van-Gogh-Gummi

CONDOMERIE
WARMOESSTRAAT 141
1012 JB AMSTERDAM
MO 11-21, DI 11-18, MI - SA 11-21,
SO 13-18
TELEFON: +31 (0)20 62 74 174
WWW.CONDOMERIE.COM

Seit auf den *Wallen* die Sexindustrie blüht, blüht auch die Diskussion darüber, wie man mit ihr umgehen soll. Da ein Verbot der Prostitution keine Option ist, weil es sich kaum kontrollieren lässt und illegalen Geschäften Tür und Tor öffnet, versucht sich die Stadt Amsterdam an einer liberalen, doch regulierten Praxis für die Sexarbeiter(innen), von denen es nach Schätzungen 5000–8000 in der Stadt gibt. So ist Prostitution nur in bestimmen Vierteln erlaubt, registrierte Prostituierte müssen mindestens 21 Jahre alt sein, und es gelten nächtliche Sperrstunden für Clubs und Bordelle. Ob diese Regeln immer eingehalten werden, steht natürlich

1987 als Reaktion auf die rasante Verbreitung von HIV und AIDS, verstand sich die *Condomerie* zunächst als Avantgarde der sexuellen Aufklärung und des Tabubruchs rund um das Thema Safer Sex. Dreißig Jahre später ist das Tabu zwar keines mehr, dennoch bietet die *Condomerie* weiterhin Workshops zu diesem Thema an und weist auf die Gefahren von ungeschütztem Sex hin.

Auf den ersten Blick sieht der Laden aus wie eine altmodische Drogerie, lauter bunte Päckchen in verschiedenen Größen sind in Vitrinen und Schränken ausgestellt. Die Frauen hinter der Verkaufstheke geben ungerührt sachdienliche Hinweise, welches Gummi für welche Praktiken am besten geeignet und mit welchen der Lustgewinn am größten ist. Und tatsächlich ist die Auswahl an Kondomen riesig. Neben den Klassikern extra stark, extra dünn und mit Geschmack hat man unter anderem die Wahl zwischen kühlend, wärmend, leuchtend, fair trade und vegan. Außer den klassischen Kondomen werden auch Kondome für Frauen, Gleitmittel, Hygieneartikel und Geschenkpackungen verkauft. Besonders beliebt bei Touristen ist das *Starry Starry Night – Glow in the Night* – Kondom. Es ist verpackt in ein Bild von Vincent van Gogh.

auf einem anderen Blatt, und die Gratwanderung zwischen freiem Willen und Zwang lässt sich auch mit behördlicher Genehmigung nicht aus der Welt schaffen. Immerhin, die Frauen, die in den rot erleuchteten Fenstern sitzen, genießen allein durch ihre Sichtbarkeit einen gewissen Schutz.

Als Besucher der *Wallen* muss man sich entscheiden, ob man an den Prostituierten vorbeizieht und sich doch irgendwie seltsam vorkommt, oder ob man es einfach lässt. Wer sich für Sex interessiert, findet nämlich auch andere Anlaufpunkte. In der Warmoesstraat zum Beispiel liegt der – laut Eigenwerbung – älteste Kondomladen der Welt, die *Condomerie*. Gegründet

Mekka für Leser

ANTIQUARIAAT KOK
OUDE HOOGSTRAAT 14-18
1012 CE AMSTERDAM
MO - FR 9.30-18, SA 9.30-17
TELEFON: + 31 (0)20 62 31 191
WWW.KOK.NVVA.NL

Während die Touristen, müde geworden vom Gang über die *Wallen*, vor Eis- und Pommes-Läden Schlange stehen und sich in den Souvenirshops merkwürdige Dinge verkaufen lassen, Schokopenisse und Hanfbonbons zum Beispiel, steht davon völlig unbeeindruckt ein Geschäft in diesem Viertel, das von ganz anderen Genüssen kündet. Im Schaufenster liegen schön aufgemachte Gesamtausgaben von Schriftstellern und Philosophen neben dicken Kunstbänden und schmalen Lyrikreihen, schnelle und leicht verdauliche Lektüre sucht man vergeblich. Das *Antiquariaat Kok* ist eine wahre Trutzburg gegen den Verfall des Geistes und des guten

Geschmacks in einer Stadt, die überhaupt ein wahres Mekka für Liebhaber alter Bücher ist. Viele kleine Antiquariate finden sich innerhalb des Grachtengürtels, jeden Freitag ist auf dem *Spui boekenmarkt,* und in der *Brouwersgracht 4* befindet sich *Die Schmiede,* ein kleines feines Antiquariat, das sich auf deutsche Erstausgaben spezialisiert hat.

Das *Antiquariaat Kok* in der *Oude Hoogstraat* zwischen *Oudezijds Achterburgwal* und *Kloveniersburgwal* ist jedoch eine echte Sehenswürdigkeit. Seit 1945 verkauft die Familie Kok Bücher in dieser Straße, seit über dreißig Jahren sind sie an diesem Ort zu Hause, einem ehemaligen Volkswarenhaus. Es ist eine stille Welt, die von einigen ernsthaften Männern und Frauen regiert wird, die ihren Untertanen völlig ergeben scheinen: Bücher, Bücher, nichts als Bücher, in deckenhohen Regalen, in Kisten und Kartons auf dem Boden gestapelt. Dazu kommen Filmplakate und Fotografien, historische Landkarten und Postkarten, Modezeitschriften und alte Schreibmaschinen, die man nicht berühren soll, die aber so schön glänzen, dass man der Versuchung kaum widerstehen kann. Handgeschriebene Schilder weisen den Weg im Dickicht aus geballtem Wissen, von afrikanischer Kunst und Autos über Geschichte und Geologie, Pferde und Porzellan, Schifffahrt und Sport bis zur Völkerkunde und Zoologie. Im ersten Stock findet man bei *Kok* auch englische, französische und deutsche Bücher, viele davon jahrzehntealt. Besondere Juwelen in dieser Abteilung sind Ausgaben der beiden deutschen Exilverlage *Querido* und *Allert de Lange*, die in den 1930er Jahren in Amsterdam Bücher in Nazi-Deutschland verbotener Schriftsteller herausgaben, darunter Romane von Joseph Roth, Lion Feuchtwanger, Klaus Mann, Irmgard Keun und Vicki Baum. Liest man sie genau, tauchen darin immer wieder Szenen auf, die in Amsterdam spielen. Irmgard Keun lässt zum Beispiel in »Kind aller Länder« das Mädchen Kully, das mit ihren Eltern durch Europa irrt, sagen: »Amsterdam ist sehr schön. Es besteht aus Flüssen, die Grachten heißen. In den Grachten darf man nicht schwimmen, weil sie giftig sind. Die Blumen hier sind noch viel herrlicher als irgendwo anders, und viele Blumen blühen hier auf königlichen Befehl in leuchtender gelber Farbe.«

Gutes und Gesundes

JACOB HOOY & CO.
KLOVENIERSBURGWAL 10-12
1012 CT AMSTERDAM
MO 13-18, DI - FR 10-18, SA 10-17
TELEFON: +31 (0)20 62 43 041
WWW.JACOB-HOOY.NL

Es riecht ein bisschen nach Ringelblume, ein wenig nach Honig, auch nach Zimt und Pfefferminz, eben nach allem, was gesund ist und guttut. Am Rand der *Wallen*, einen Katzensprung vom *Nieuwmarkt* entfernt, liegt zwischen einem thailändischen Restaurant und einer Kneipe mit dem vielsagenden Namen *De bekeerde Suster* (Die bekehrte Schwester) ein Gewürz- und Kräuterhändler, der auf fast drei Jahrhunderte Erfahrung zurückschauen kann: *Jacob Hooy & Co.* Bereits 1743 stand ebenjener Jacob Hooy als fliegender Händler auf dem *Nieuwmarkt*, bis die Geschäfte so gut liefen, dass er nur zwei Jahre später seinen ersten festen Standort am *Kloveniers-*

burgwal eröffnen konnte. Da, wo man ihn heute immer noch findet und wo er sich tapfer gegen die Konkurrenz der Billigheimer und Immobilienhaie wehrt, die hier lieber einen gewinnträchtigeren Laden einrichten würden. Schon häufiger gab es Aufrufe an die Kunden, man möge Petitionen für den Erhalt unterstützen, und bis jetzt ist es noch immer gut gegangen. Zum Glück, denn schon beim Eintreten empfängt einen der Duft exotischer Pflanzen, Öle und Gewürze, die als Tees, Kosmetika und Lebensmittel verkauft werden. Die Ladeneinrichtung hat sich seit der Eröffnung kaum verändert. Hölzerne Regale wie in einer alten Apotheke und Holzfässer stapeln sich an den Wänden, in bauchigen Gläsern lagern getrocknete Früchte. Und wer das Kraut gefunden hat, das zu ihm passt, kann sich zusätzlich mit Wollsocken, Bio-Wein, Bio-Kaffee und rückenfreundlichen Kissen eindecken. Die Verpackungen aller Produkte sind schlicht gehalten, Glas und Papier statt Plastik und Folie. Das latent schlechte Gewissen des modernen Konsumenten kann hier Pause machen. Längst kann man Tees, Cremes und Wässerchen von *Jacob Hooy & Co.* auch in niederländischen Drogerieketten bekommen, anders könnte die Marke wohl kaum überleben. Aber nirgendwo fühlt man sich so gut aufgehoben wie in dem Laden, in dem alles begann.

Alte Männer, alte Bücher

Wem es auf den *Wallen* zu eng, zu laut, zu rotlichtig ist, der muss nur ein paar Meter laufen, um alldem zu entfliehen. Flanieren wie im 19. Jahrhundert, unter hohen Ulmen, zwischen Bürgerhäusern und einem breiten Kanal, das kann man auf dem *Kloveniersburgwal*. Es ist eine der schönsten und ältesten Grachten Amsterdams, die den *Nieuwmarkt* mit der *Amstel* verbindet. Hier befindet sich unter anderem – mit Hausnummer 29 – das breiteste historische Wohnhaus der Stadt, das sogenannte *Trippenhuis*, errichtet 1662 von den reichen Patrizier-Brüdern Lodewijk und Hendrick Trip. Die ehemalige Kirche *De Kloof* (Hausnummer 50) be-

OUDEMANHUISPOORT
1012 CN AMSTERDAM
MO - SA 10-17

herbergt heute das *Compagnie-theater*. Nahe der *Amstel* befindet sich der *Oudemanhuispoort*, ein ganzer Gebäudekomplex, der zur Universität von Amsterdam gehört. Der Name (*oude man* heißt alter Mann) verweist auf ein Haus, das hier im 16. Jahrhundert stand, ein Altenheim, das allerdings nicht nur Männer, sondern auch Frauen aufnahm. Ende des 18. Jahrhunderts wurde das Gebäude grunderneuert und erhielt als Blickfang ein prächtiges Tor (*poort*), auf dem drei Figuren über das Geschehen wachen: die Mildtätigkeit, die Weisheit und die Aufklärung. 1880 wurde der Gebäudekomplex schließlich an die städtische Universität übergeben. Heute studieren und forschen hier unter anderem Juristen, Sozialwissenschaftler und Philosophen, die nichts dagegen haben, wenn man sich in der warmen Jahreszeit in den ruhigen begrünten Innenhöfen ein wenig ausruht.

Zu jeder Jahreszeit bemerkens- und besuchswert ist aber vor allem der überdachte Durchgang, der den *Kloveniersburgwal* mit dem *Oudezijds Achterburgwal* verbindet. Dieser Durchgang war seit dem Einzug der Universität in fester Hand fliegender, anfangs vor allem jüdischer Buchhändler, von denen nur wenige die Verfolgung durch die Nationalsozialisten überlebten. Doch bis heute finden sich hier in den Nischen des Durchgangs kleine private Antiquariate, vollgestopft mit allem, was in den letzten Jahrhunderten so gedacht und aufgeschrieben wurde. Die Buchhändler strahlen eine große Gelassenheit aus, und man kommt leicht mit ihnen ins Plaudern. Umso mehr natürlich, wenn man ihnen für ein paar wenige Euro eines der Werke abkauft, die vor ihnen auf großen Klapptischen ausgestellt sind: Bücher zur (jüdischen) Geschichte Amsterdams, englische und deutsche Taschenbücher aller Genres, philosophische Kampfschriften, dazu historische Landkarten, Filmplakate und Stadtansichten. Alles besonders originelle und wirklich originale Amsterdamer Souvenirs.

An der Amstel

15

TRAM 9, 14 / BUS 757 WATERLOOPLEIN

Petersburg an der Amstel

HERMITAGE
AMSTEL 51
1018 DR AMSTERDAM
TÄGLICH 10-17
TELEFON: +31 (0)20 53 08 755
WWW.HERMITAGE.NL

OUTSIDER ART MUSEUM
AMSTEL 51
1018 DR AMSTERDAM
TÄGLICH 10-17
TELEFON +31 (0)23 54 10 670
(ÜBER DOLHUYS HAARLEM)
WWW.OUTSIDERARTMUSEUM.NL

Dass Amsterdam auch jenseits von Rembrandt und van Gogh eine Kunststadt ist, hat sich längst herumgesprochen. Und auch oder gerade weil das *Van Gogh Museum* und das *Rijksmuseum* am Museumplein jeden Tag von Besuchern aus aller Welt regelrecht gestürmt werden, lohnt es sich, die große Zahl der vielen anderen Kunstmuseen der Stadt in den Blick zu nehmen, zum Beispiel die *Hermitage* an der Amstel. Der Kunstliebhaber denkt bei diesem Namen vermutlich sofort an Sankt Petersburg, wo sich mit der *Eremitage* eine der größten Kunstsammlungen der Welt befindet. Und die Assoziation ist genau richtig, ist die *Hermitage* doch ein Ableger des berühmten russischen Museums. Eröffnet wurde es 2009 im *Amstelhof*, einem ehemaligen protestantischen Altenheim, das bereits 1681 erbaut wurde. Unübersehbar steht es mit der für Amsterdamer Verhältnisse außerordentlichen Breite von 102 Metern an der Amstel, noch bis 2007 verbrachten Frauen und Männer hier ihren Lebensabend. Der dazugehörende Kirchensaal galt als einer der größten Säle der Stadt und ist heute schön renoviert ins Museum integriert. In den vier Flügeln, die den großen begrünten Innenhof umfassen, gibt es heute wechselnde Ausstellungen, vorrangig mit dem Fokus auf russische Kultur, Geschichte und Kunst, und das Museumscafé heißt passenderweise *Neva*. Vor allem die Zarenfamilie hat es der *Hermitage* angetan, Ausstellungen über ihre Mitglieder sind jedes Mal Publikumsmagneten. Vermutlich liegt es daran, dass Peter der Große eine besondere Verbindung zu den Niederlanden pflegte. 1698 besuchte er Zaandam, um dort von den holländischen Schiffbauern zu lernen, in Amsterdam ging er in die Lehre bei Uhrmachern, Zimmermännern, Bauzeichnern und anderen Handwerkern und fühlte sich unter den »einfachen Leuten« viel wohler als zwischen Regierungsmitgliedern. Angeblich soll sogar die einzige Fremdsprache, die der Zar beherrschte, das Niederländische gewesen sein.

Im *Herrenflügel* der *Hermitage* wurde unlängst zusätzlich die Dauerausstellung *Hollanders van de Gouden Eeuw* (Holländer des goldenen Zeitalters) eingerichtet: 30 großformatige Gemälde mit stolzen Gruppenporträts von Seefahrern, Kaufleuten und Gelehrten aus dem 17. Jahrhundert, darunter natürlich auch Bilder von Rembrandt, den man also hier nicht missen muss.

Völlig anders ausgerichtet, aber nicht weniger bemerkenswert ist das *Outsider Art Museum*, das ebenfalls in der *Hermitage* untergebracht ist. Hier wird seit 2016 Kunst von Autodidakten, von Menschen mit Behinderung, mit einer Sucht- oder einer psychischen Erkrankung gezeigt. Als *Art Brut* oder *Outsider Art* hat diese Kunst längst ihren festen Platz in der Kunstgeschichte und bringt immer wieder eindrucksvolle, anrührende und verstörende Kunstwerke hervor.

Eisbrecher mit Aussicht

CAFÉ DE YSBREEKER
WEESPERZIJDE 23
1019 EC AMSTERDAM
SO - DO 8-1, FR - SA 8-2
TELEFON: + 31 (0)20 46 81 808
WWW.DEYSBREEKER.NL

Wenn man Amsterdam mit den Augen eines Anatomen betrachten würde, so wären die Grachten die Rippen der Stadt und die Amstel ihr (leicht nach rechts verschobenes) Rückgrat. Denn alle Grachten münden in den Fluss, dem die Stadt ihren Namen verdankt. Wer ein Haus an der Amstel hat, gehört zu den *Happy Few.* Anders als in den engen Grachten endet die Aussicht hier nicht nach ein paar Metern an der gegenüberliegenden Häuserfront und beschränkt sich der Blick in den Himmel nicht auf ein paar Quadratmeter. An der Amstel ist alles weiter und großzügiger als im Rest der Stadt. Läuft man, die *Hermitage* im Rücken, die Amstel entlang stadt-

auswärts, passiert man zunächst die *Magere Brug,* ein beliebtes Wahrzeichen der Stadt, das in keiner Erinnerungsgalerie fehlen darf. Noch ein Stück weiter steht das legendäre *Amstel Hotel,* wo schon Königin Elisabeth II., Steven Spielberg und die Rolling Stones übernachtet haben. Ein prächtiger Bau aus dem 19. Jahrhundert, der für Normalsterbliche aber eher unerschwinglich ist. Hinter dem Hotel vorbei durch den Fußgängertunnel findet sich allerdings ein sehr schönes Café für jedermann, das *Café De Ysbreeker,* das ebenfalls auf eine bewegte Geschichte zurückblicken kann. Errichtet Ende des 19. Jahrhunderts, ist es nach einem Eisbrecher benannt, der über Jahrzehnte an dieser Stelle an der Amstel lag, um den Fluss im Winter eisfrei zu halten. Zunächst Brauerei und Herberge, wurde *De Ysbreeker* Anfang des 20. Jahrhunderts zu einem vor allem bei Künstlern, Politikern und der städtischen Bohème beliebten *Grand Café.* Weil viele dieser Gäste jüdischer Herkunft waren, musste das Café jedoch unter der deutschen Besatzung schließen, bevor es nach 1945 wieder zum Treffpunkt von Widerstandskämpfern und Überlebenden des Holocaust wurde. In der zweiten Hälfte des 20. Jahrhunderts stand das Haus eine Weile leer, dann zog ein Kulturzentrum ein, aus dem auch regelmäßig Fernsehsendungen übertragen wurden. 2010 wurde das Café schließlich komplett saniert und umgebaut, und seitdem trifft sich hier ein sehr gemischtes Publikum. Das Essen ist deftig und gut, und im Sommer sitzt man auf der Terrasse am Fluss unter alten Bäumen und kann sich für ein paar Stunden den *Happy Few* zugehörig fühlen, mit einem wunderbaren Blick in den Himmel, auf Hausboote, Schiffe und die seit Jahrhunderten gleichmütig dahinfließende Amstel.

Rund um den Rembrandtplein

Kino nostalgisch

Natürlich ist es bequem, sich als Besucher Amsterdams nach einem langen Tag mit müden Füßen aufs Sofa zu legen, um sich auf einem vergleichsweise kleinen Bildschirm Filme anzuschauen, bis einem die Augen zufallen. Nicht ganz so bequem, aber dafür umso eindrucksvoller ist ein Besuch des schönsten Kinos der Stadt, das *Theater Tuschinski* in der *Reguliersbreestraat* unweit des *Rembrandtplein*. Obwohl man diese Straße eigentlich wegen seiner Fastfoodläden und knallbunten Souvenirshops meiden sollte, muss man dieses Haus gesehen haben. Schon von außen sticht die graue hohe Fliesen-Fassade hervor, eine etwas wilde Mischung aus Jugendstil, Art

THEATER TUSCHINSKI
REGULIERSBREESTRAAT 26-34
1017 CN AMSTERDAM
WWW.PATHE.NL

déco und Amsterdamer Schule, die von manchen auch Tuschinski-Stil genannt wird. Errichtet wurde das Haus 1921 von Abraham Tuschinski, einem namhaften Kinobetreiber polnisch-jüdischer Herkunft. Obwohl Tuschinski bereits vier Kinos in Rotterdam besaß, sollte das Haus in Amsterdam sein Meisterstück werden. Denn wenn er die von schöner Architektur verwöhnten Amsterdamer überzeugen wollte, musste er alles, was man bis dahin kannte, übertreffen. Dieses Kino sollte ein wahrer Tempel der Kunst werden! Ein Ziel, das Tuschinski unübersehbar erreicht hat.

Als Gelegenheitsbesucher fühlt man sich fast ein wenig *under-dressed* in dieser Kulisse aus dunklem, zart geschnitztem Holz, farbigem Glas, weichen Teppichen, gedämpftem Licht und breiten Treppen mit schmiedeeisernen Geländern. Alles zeugt vom Geschmack einer Zeit, in der eine Kinovorstellung noch ein echtes Ereignis war und sowohl von einem Theaterorchester und einer Wurlitzer Kinoorgel als auch von verschiedenen Varieté-Nummern umrahmt wurde. Der größte und schönste Saal fasste stolze 1600 Besucher, verfügte über Balkons, Logen und Garderoben – der passende Ort für die Europa-Premiere des ersten Tonfilms 1929: *The Broadway Melody*.

Bis Ende der 1930er Jahre konnte

das *Theater Tuschinski* beim Publikum glänzen, doch vom Überfall der Nationalsozialisten blieb auch dieses Haus und sein stolzer Besitzer nicht verschont. Um alle jüdischen Spuren zu verwischen, verpassten die deutschen Besatzer dem Tempel der Filmkunst den Allerweltsnamen *Tivoli*, der große Abraham Tuschinski wurde in Auschwitz ermordet. Dass das Kino seit der Befreiung wieder seinen Namen trägt und heute eine Plakette im Foyer an sein Schicksal erinnert, ist da nur ein kleiner Trost.

Ende des 20. Jahrhunderts wurde das Kino aufwendig saniert und der Originalzustand weitestgehend wiederhergestellt. Zu den drei historischen Kinosälen sind drei weitere gekommen. Das wöchentlich wechselnde Programm besteht aus Blockbustern und Arthouse-Filmen, die übrigens alle im Original mit Untertiteln gezeigt werden, denn nur Kinderfilme werden in den Niederlanden synchronisiert. Heute gehört das Kino wie einige weitere in der Stadt zum Unternehmen *Pathé*. Aber nur im *Theater Tuschinki* stellt sich noch dieses altmodische Kinogefühl ein, ein Gefühl der Vorfreude und der spannungsvollen Erwartung, dass sich auf der Leinwand gleich etwas Unglaubliches ereignen wird.

18

TRAM 4, 9, 14 / BUS 755, 757 REMBRANDTPLEIN

Wurstbrötchen de luxe

EETSALON VAN DOBBEN
KORTE REGULIERSDWARSSTRAAT 5-9
1017 BH AMSTERDAM
MO-MI 10-21, DO 10-1, FR-SA 10-2,
SO 10.30-20
TELEFON: + 31 (0)20 62 44 200
WWW.VANDOBBEN.NL

Kulinarisch sind die Niederlande nichts für zarte Mägen. Die Seefahrer und Bauern, die das Land zu dem gemacht haben, was es heute ist, brauchten kalorienreiche und umfangreiche Mahlzeiten, die sich leicht zubereiten ließen. Und so gehört bis heute *stamppot* (Stampftopf) zum nationalen Erbe, ein rustikales Eintopfgericht aus Kartoffeln und Gemüse, zu dem eine geräucherte Schinkenwurst gereicht wird. Außerdem sehr beliebt: *broodjes* aller Art. Weiße weiche Brötchen werden mit Fleisch, Wurst, Fisch oder Käse belegt und auf der Hand gegessen. Dass man es jedoch auch mit dieser simplen Art der Nahrungsaufnahme zu höheren Weihen bringen kann,

beweist der *Eetsalon Van Dobben* in einer schmalen Seitenstraße des *Rembrandtplein*. Während auf diesem Platz rund um die Uhr gefeiert wird und die Terrassen voller Touristen sind, deren Hauptmahlzeiten vermutlich vorrangig aus Pizza und Pommes bestehen, betritt man bei *Van Dobben* eine zeitlose Institution, die sich von Trends und Moden nicht beeindrucken lässt. Das Lokal erinnert mit seinen weißen Kacheln, dem langen Tresen und dem Personal in weißen Kitteln an eine Metzgerei, und auch die Auslagen mit Schinken, Roastbeef, Salami und anderem handfesten Belag lassen keinen Zweifel, dass dieser Ort für Vegetarier und Veganer eher ungeeignet ist. Trotzdem hat die

Nachfrage des seit 1945 bestehenden Geschäfts in der *Korte Reguliersdwarsstraat* nicht nachgelassen, was vor allem an der Qualität des Angebots liegt, möglicherweise aber auch an dem Schauspiel, das sich hier zwischen Personal und Kunden abspielt.

Während das Radio leise dudelt, singt die Bedienung, die man hier seit Jahrzehnten antrifft, fröhlich mit, kommentiert im breiten Amsterdamer Dialekt das Weltgeschehen und belegt dabei mit flinken Fingern die Brötchen. Ganz oben in der Beliebtheitsskala steht das *broodje croquette*. Neben dem *stamppot* gehört die Krokette zum kleinsten kulinarischen Nenner, auf den sich die Niederländer einigen können. Für Bewohner anderer Regionen ist die zähe Masse aus Fleisch, Bouillon, Gewürzen, Mehl und Butter, die paniert, frittiert und mit etwas Senf verzehrt wird, gewöhnungsbedürftig. Wer dieser speziellen Mahlzeit nicht traut, kann sich sein Brötchen bei *Van Dobben* auch dick mit Hühnchen, Krabbensalat, Käse belegen lassen und dazu ein Glas Tee oder eine Cola bestellen. Denn – auch das eine Eigenheit in dieser traditionsreichen Einrichtung – Alkohol wird nicht ausgeschenkt. Stammkunden schwören zu ihrem *broodje* auf ein Glas kalte Milch.

19

TRAM 4, KEIZERSGRACHT ODER PRINSENGRACHT

Gepflegt »winkelen«

UTRECHTSESTRAAT
WWW.UTRECHTSESTRAAT.AMSTERDAM

CONCERTO
UTRECHTSESTRAAT 52-60
1017 VP AMSTERDAM
MO - MI 10-18, DO - FR 10-19, SA 10-18,
SO 12-18
TELEFON: +31 (0)20 26 12 610
WWW.CONCERTO.AMSTERDAM

Amsterdam war immer ein bedeutendes Zentrum für Händler aller Art, und daran hat sich nicht viel geändert. Doch wo sich einst die Geschäfte um Getreide, Gewürze und Tulpenzwiebeln drehten, liegen heute Schuhe, Kleider, Uhren und Parfüms eher im Trend. Die *Kalverstraat* zum Beispiel ist nach einem Kälbermarkt benannt, der hier Anfang des 17. Jahrhunderts abgehalten wurde. Heute reihen sich hier alle großen Schuh- und Modeketten aneinander, und entsprechend überlaufen ist diese so zentrale wie schmale Shoppingmeile zwischen *Dam* und *Muntplein*, genauso wie die *Leidsestraat*, die ebenfalls sehr gut besucht ist. Wer sich aber lieber nicht mit

tausenden anderen Menschen durch die Fußgängerzone drängeln will, findet in dieser Stadt genügend andere Möglichkeiten des gepflegten *winkelen*, wie der Holländer das nennt. Für Menschen, die lieber gut statt billig einkaufen wollen, empfiehlt sich unter anderem die *Utrechtsestraat* zwischen *Rembrandtplein* und *Frederiksplein*. Auch diese Straße ist längst kein Geheimtipp mehr, dennoch hat sie sich einen gewissen Charme erhalten; eine sympathische Mischung aus alteingesessenen Geschäften und Cafés einerseits und schicken Boutiquen, Delikatesshändlern und Concept Stores andererseits ist hier entstanden. Da es müßig wäre, einzelne Läden aufzuzäh-

len, soll hier nur auf eine echte Sehenswürdigkeit hingewiesen werden, das *Concerto*. Dass es der größte Plattenladen der Niederlande ist, steht außer Frage, für manche Enthusiasten ist es sogar der beste Plattenladen der Welt. Mit seinen roten Schaufensterrahmen nicht zu übersehen, ist *Concerto* ein wahres Mekka für Liebhaber und Sammler von neuen und gebrauchten Schallplatten, von CDs und Musik-DVDs, deren thematische Spannbreite so weit ist wie die Musik selbst, von Klassik über Jazz bis Weltmusik und Pop. 1955 wurde der Laden von Gijs Molenaar eröffnet, der zuvor mit dem Verkauf von Süßigkeiten weit weniger Erfolg hatte und in seinem neuen Laden anfangs vor allem auf Musikinstrumente, Plattenspieler und Noten setzte. Aber schon bald wurden gebrauchte Schallplatten der eigentliche Verkaufsschlager. Und obwohl *Concerto* nach und nach immer größer wurde, hat sich hier in den letzten Jahrzehnten nicht viel verändert. Zehntausende Musikschätze stehen sorgfältig sortiert bereit, um eines Tages von einem Schatzsucher gehoben zu werden. Wer hier einmal eingetaucht ist, wird so schnell nicht wieder auftauchen.

Rund um
den Spui

20

DNA einer Stadt

Dass die Altstadt Amsterdams, verglichen mit anderen europäischen Großstädten, besonders gut erhalten ist und die Grachten sie unverwechselbar machen, erkennt der Besucher auf den ersten Blick. Aber wie ist diese Stadt entstanden, wer hat sie gegründet und welche Persönlichkeiten haben sie geprägt?

Das stadtgeschichtliche *Amsterdam Museum* hat die Antworten auf all diese Fragen sehr zugänglich und übersichtlich arrangiert. Eingerichtet in einem mittelalterlichen, etwas verwinkelten Waisenhaus und 2011 komplett erneuert, widmet sich die Dauerausstellung *Amsterdam DNA* der städtischen Entwicklung von der Gründung im 13. Jahrhundert bis

AMSTERDAM MUSEUM
KALVERSTRAAT 92
1012 PH AMSTERDAM
TÄGLICH 10-17
TELEFON: +31 (0)20 52 31 822
WWW.AMSTERDAMMUSEUM.NL

heute. So erfährt man, dass Amsterdam aus einer kleinen Siedlung an der Mündung der Amstel entstand und Brauerei und Fischfang die ersten wichtigsten Gewerbe waren. Ein weiteres Hauptaugenmerk gilt natürlich dem *Gouden Eeuw*, dem goldenen Zeitalter im 17. Jahrhundert, als die Kaufleute von Amsterdam durch den Handel mit Nordamerika, Brasilien und Indonesien zu Reichtum kamen, der sich bis heute an vielen Grachtenhäusern ablesen lässt. In dieser Zeit wuchs Amsterdam zur drittgrößten Stadt Europas heran, bevor diese Entwicklung im 18. Jahrhundert – unter französischer Herrschaft – stagnierte. Erst als Ende des 19. Jahrhunderts auch in Amsterdam die Industrialisierung voranschritt, veränderte sich das Stadtbild noch einmal massiv, neue weitläufige Stadtteile außerhalb des Zentrums entstanden, wichtige Wahrzeichen wie *Amsterdam Centraal*, das *Rijksmuseum* und das *Concertgebouw* wurden errichtet.

Um die 700 Jahre Stadtgeschichte zu veranschaulichen und greifbar zu machen, widmet sich das *Amsterdam Museum* einigen Exponaten besonders ausführlich, so zum Beispiel dem Schlüssel von Amsterdam, der König Lodewijk, dem kleinen Bruder Napoleons, übergeben wurde, als er 1808 in die Stadt einzog und damit die einstige Republik der Niederlande zum Königreich machte. Die Installation *Geluid van Amsterdam* macht wiederum hörbar, wie die Stadt zu verschiedenen historischen Zeitpunkten klang, und in der *Amsterdam Galerie* wandelt man über einen 40 Meter langen Teppich aus bunten Vierecken, die für je eine der 179 Nationen stehen, aus denen die Amsterdamer Bevölkerung heute besteht. Dass es wirklich so viele sind, davon kann man sich in den Straßen dieser Stadt jederzeit überzeugen.

Kauft Bücher

Boekenwinkel, so nennt man in den Niederlanden einen Buchladen, und in Amsterdam ist die Auswahl an guten *boekenwinkels* groß, denn anders als in Deutschland wird der niederländische Buchhandel nicht von großen Ketten dominiert. Die unabhängigen Buchhandlungen sind in der Regel gut sortiert, und neben niederländischen Büchern findet man oft auch englische und manchmal sogar deutsche Bücher. Die größte Buchhandlung in Amsterdam ist *Scheltema* am *Rokin.* Auf fünf Etagen wird hier vom Krimi übers Kochbuch bis zu Kinderbüchern und Lexika wirklich jedes lieferbare Buch angeboten. Das geistige Zentrum der Stadt ist jedoch der *Spui,* wo

ATHENAEUM BOEKHANDEL
SPUI 14-16
1012 XA AMSTERDAM
MO 11-19, DI - SA 9.30-19, SO 12-17.30
TELEFON : +31 (0)20 51 41 460
WWW.ATHENAEUM.NL

voll gestalteten Auslagen, schlägt hier das literarische Herz der Stadt. 1966 gegründet, ist *Athenaeum Boekhandel* spezialisiert auf Literatur, Geschichte, Politik und Philosophie, und obwohl das Geschäft nicht sehr groß ist, kann man sich doch leicht verlieren in den Ecken und Nischen, die alle einem bestimmten Thema gewidmet sind. Ein größerer Bereich ist englischer Literatur vorbehalten, aber etwas versteckt finden sich einige gut sortierte Regale mit deutschen, französischen und spanischen Büchern. Auch unter Schriftstellern genießt *Athenaeum* einen guten Ruf, so gut, dass das Haus bereits selbst in mehreren literarischen Werken verewigt wurde, zum Beispiel in John Irvings »Witwe für ein Jahr«, das zu großen Teilen in Amsterdam spielt. Gleich neben dem Buchladen befindet sich übrigens das *Athenaeum Nieuwscentrum*, hier bekommt man Zeitungen, Zeitschriften und Magazine aus aller Welt.

sich auch das Hauptgebäude der Universität befindet. Hier liegen gleich drei große Buchhandlungen. Doch während *Waterstones* und *American Book Store* ausschließlich englische bzw. amerikanische Bücher verkaufen, ist *Athenaeum Boekhandel* der schönste Anlaufpunkt für Bücherliebhaber. Unverwechselbar mit seinen rot-weiß gestreiften Markisen, den schmiedeeisern gefassten Fenstern und den liebe-

Kriegerische Pommes

VLAAMS FRIETESHUIS VLEMINCKX
VOETBOOGSTEEG 33
1012 XK AMSTERDAM
SO - MO 12-19, DO 11-20, DI, MI,
FR UND SA 11-19
WWW.VLEMINCKXDESAUSMEESTER.NL

Von Amsterdam nach Brüssel sind es etwas mehr als 200 Kilometer, und mit dem *Thalys* reist man in nicht einmal zwei Stunden von der einen Hauptstadt in die andere. Trotzdem ist das Verhältnis zwischen Niederländern und Belgiern – um es vorsichtig auszudrücken – eher distanziert. Zwar sind ca. 6,5 Millionen Belgier zugleich Flamen und sprechen dieselbe Sprache wie ihre nördlichen Nachbarn, dennoch ist diese Nachbarschaft von Missverständnissen und einer unüberwindbaren Hassliebe geprägt. Es gibt nur zwei Dinge, für die die Niederländer den Belgiern alles verzeihen: für belgisches Bier und für belgische Pommes frites. Und so ist es kein

Wunder, dass die besten Pommes Amsterdams ausgerechnet von einem flämischen Imbiss kommen, dem *Vlaams Frieteshuis Vleminckx* in der *Voetboogstraat* zwischen *Spui* und *Heiligeweg*.

Man erkennt den Imbiss unschwer an der langen Schlange, die dort an allen Tagen und bei Wind und Wetter steht. Doch das Warten lohnt sich wirklich. Seit 1957 werden hier einzig und allein Pommes verkauft, und in allen offiziellen und inoffiziellen Qualitätswettbewerben erzielt *Vleminckx* seitdem die besten Ergebnisse. Unermüdlich schaufeln zwei Männer die dicken goldgelben Pommes in Papiertüten, je

nach Wunsch klein, mittel oder groß, und übergießen die Portionen mit einer der ebenfalls 25 legendären Soßen, derentwegen sich der Imbiss auch *de Sausmeester*, der Soßenmeister, nennt. Denn mit Ketchup oder Mayonnaise ist es bei Pommes in den Niederlanden und Belgien längst nicht getan. Erdnusssoße oder Apfelmus sind genauso im Angebot wie Senfsoße, Cocktailsoße oder extra scharfe Sambalsoße. Unter Kennern besonders beliebt ist eine Variante mit dem martialischen Namen *Oorlog*: Krieg. Pommes mit Mayonnaise, Satésoße und rohen Zwiebeln. Na dann, *eet smakelijk*!

23

Ort der Stille

Wer an einem Sommertag durch das Zentrum Amsterdams spaziert, kann sich kaum vorstellen, dass es in dieser Stadt noch Orte der Abgeschiedenheit und der Ruhe gibt. Straßenbahnen, Busse, Autos, Fahrräder und Menschen aus aller Herren Länder sorgen Tag und Nacht für Trubel, und manchem Einwohner graut bereits vor dem Gedanken, Amsterdam könne in absehbarer Zeit als reine Touristenkulisse enden. Schon jetzt werden keine Zulassungen für neue Hotels und Souvenirshops mehr erteilt und Überlegungen angestellt, wie man Busse ganz aus der Stadt verbannen, Touristenströme sinnvoll lenken kann.

Am *Spui* jedoch ist eine stille

BEGIJNHOF AMSTERDAM
BEGIJNHOF 30
1012 RM AMSTERDAM
TÄGLICH 9–17 UHR

Oase nur einen Türspalt entfernt. Rechts neben dem *American Bookstore* führt ein kleines Tor zum *Begijnhof,* dem Beginenhof. Das Wort *begijn* steht für alleinstehende ältere Menschen, die hier in kleinen Häusern mit je eigenem Vorgärtchen ein Zuhause finden. Diese Wohnform war im Mittelalter in ganz Europa verbreitet, doch nur in den Niederlanden und Flandern hat sie sich bis heute erhalten. Anfangs waren es vor allem Frauen, die als alleinstehende Frauen leicht unter den Verdacht der Hexerei und Ketzerei gerieten und hier sichere Zuflucht fanden. Umso mehr, als jeder *Begijnhof* eine eigene Kapelle besaß, in der sie ihre Gottesfurcht unter Beweis stellen konnten. Innerhalb des Hofes wurden alle täglichen Aufgaben verteilt, sodass Wohngemeinschaften entstanden, von denen manche auch soziale oder erzieherische Dienste in der Stadt übernahmen. Der *Begijnhof* in Amsterdam entstand Ende des 14. Jahrhunderts und fungierte zunächst als eine Art Kloster, in dem die Bewohnerinnen zwar ein Keuschheitsgelübde ablegten, allerdings frei waren, den Hof jederzeit zu verlassen, um zu heiraten. Eine Besonderheit ist hier die individuelle Bauweise

der 47 zum Teil prächtigen kleinen Stadthäuser. Vor allem das *Houten Huys,* ein Haus ganz aus Holz aus dem 16. Jahrhundert, fällt sofort ins Auge. Genauso wie die kleine Kirche in dem begrünten Innenhof. Weil die von einer Englisch sprechenden reformierten Gemeinde genutzt wird, trägt sie den Namen *Engelse Kerk* (Englische Kirche). Die römisch-katholische Kapelle dagegen, die *Begijnhofkapel,* befindet sich in zwei zusammengefügten Wohnhäusern unweit des Eingangs zum Hof. Nachdem 1971 mit Schwester Antonia die letzte aktive Beginin starb, leben hier heute 105 ältere Bewohnerinnen in Zwei- bis Drei-Zimmerwohnungen, die vermutlich jeden Abend gegen 17 Uhr kollektiv aufatmen, wenn die Tür zum *Spui* sich wieder schließt. Denn wie an allen schönen Orten in Amsterdam wird auch im *Begijnhof* der Andrang jedes Jahr größer. Dennoch sind alle Besucher angehalten, die Stille an diesem idyllischen Ort zu respektieren. So kann man sich in diesem nach allen Seiten geschlossenen Hof für ein paar Momente vorstellen, wie das mittelalterliche Amsterdam einmal ausgesehen haben mag.

Roth war hier

Ob sich der österreichische Schriftsteller Joseph Roth für die Sehenswürdigkeiten Amsterdams interessiert hat, ist nicht überliefert. Was ihn aber sehr wohl und nachweislich angezogen hat, waren die Kneipen der Stadt. Nach der Machtergreifung der Nationalsozialisten hatte Joseph Roth Deutschland 1933 verlassen müssen und pendelte in den darauffolgenden Jahren zwischen Frankreich, Belgien und Holland, eine Zeit, die er einmal mit »Sauce Hollandaise« bezeichnete. Zwar verbrachte er viel Zeit in Paris und Ostende, doch immer wieder kam der Schriftsteller auch in die Hauptstadt der Niederlande, denn hier waren seine Exilver-

CAFÉ DE ENGELSE REET
BEGIJNENSTEEG 4
1012 PN AMSTERDAM

lage beheimatet: *Querido* und *Allert de Lange*. Ihnen lieferte er abwechselnd Bücher, je nachdem, welcher Verlag das höhere Honorar bot. Denn Geld brauchte der notorisch klamme Roth eigentlich immer, schließlich musste er eine Ehefrau, eine Freundin und hin und wieder auch noch eine Geliebte unterhalten, von denen eine die Schriftstellerin Irmgard Keun war, die ebenfalls im Exil zwischen Ostende und Amsterdam hin und her reiste.

Joseph Roths Aufenthalte in Amsterdam blieben dabei nie unbemerkt, denn seit sein Buch »Hiob« auf Niederländisch herausgekommen war, galt er als Liebling der Leser und der Journalisten. Reiste er an, stand es gleich in der Zeitung. Tagsüber arbeitete Joseph Roth im *Hotel Eden* in der *Warmoestraat* 24, abends suchte er Gesellschaft und war unter anderem häufiger Gast im *Café De Engelse Reet* im *Begijnensteeg* 4, gleich hinter dem *Begijnhof*. Der Name des Cafés ist so deftig wie doppeldeutig. *Engels* heißt englisch, aber *reet* kann sowohl Kerbe oder Spalte als auch – pardon – Arschloch bedeuten, weist aber vermutlich nur darauf hin, dass die Gasse, an der sich das Café befindet, besonders schmal ist. Wie auch immer, es ist ein typisches Amsterdamer *bruin café,* das seit seiner Eröffnung 1893 so gut wie unverändert geblieben ist. Die Wände sind vergilbt von Tabakdunst und Männerschweiß, gerahmte Schwarzweißfotos zeugen von längst verblichenen Zeiten, die Tische und Stühle sind windschief und knarzend, die Auswahl an Bieren ist groß und die Bedienung herzlich. Während sich tagsüber hin und wieder ein belesener Tourist hierher verirrt, füllt sich der kleine Raum nach Feierabend mit Leuten aus den nahen Buchläden, Verlagen und Redaktionen, denn das Café ist wie schon zu Zeiten Joseph Roths beliebt bei Dichtern und Denkern. Dass der wirklich hier gewesen ist, daran erinnert übrigens eine goldene Plakette mit den Zeilen *Joseph Roth. Stamgast tijdens het interbellum.* Damals wie heute wurde und wird das Stimmengewirr im *De Engelse Reet* mit jedem Glas Bier oder Jenever lauter und die Weltlage düsterer, doch kurz vor Schankschluss sind sich schließlich alle einig: Früher war alles besser.

Im Grachten-
gürtel

Goldene Zeiten

Keine Frage, das *Rijksmuseum*, das *Van-Gogh-Museum* und das *Anne-Frank-Haus* sind Sehenswürdigkeiten, die man wenigstens einmal im Leben gesehen haben sollte. Aber vor allem im Sommer sind die Schlangen an den Kassen sehr lang, und ohne ein zuvor gebuchtes Online-Ticket muss man dort genügend Wartezeit einplanen. Ganz anders im *Museum Van Loon*. Dieses weniger bekannte Haus in der *Keizersgracht* 672 – zwischen *Vijzelstraat* und *Reguliersgracht* – eignet sich ganz wunderbar für eine Zeitreise in die reiche Vergangenheit der Stadt, ist das prächtige Gebäude doch als Wohnhaus eines Amsterdamer Adelsgeschlechts erhalten. Sa-

MUSEUM VAN LOON
KEIZERSGRACHT 672
1017 ET AMSTERDAM
TÄGLICH 10-17
TELEFON: + 31 (0)20 62 45 255
WWW.MUSEUMVANLOON.NL

lons, Schlaf- und Arbeitsräume kann man hier genauso besichtigen wie die komplett eingerichtete Küche im Souterrain. Benannt ist das Museum nach der illustren Familie van Loon, die hier zuletzt wohnte und die im 17. Jahrhundert unter anderem einen Bürgermeister von Amsterdam stellte. Allerdings zogen die van Loons erst Ende des 19. Jahrhunderts in die *Keizersgracht* und wandelten das Haus bereits 1960 in ein Museum um. Ursprünglich erbaut wurde es in den Jahren 1671 und 1672, nachdem der renommierte Architekt Adriaan Dortsman es für den flämischen Kaufmann Jeremias van Raey geplant hatte. Viel berühmter als der erste Besitzer war jedoch der erste Mieter dieses repräsentativen Baus. Der Maler Ferdinand Bol, ein Rembrandt-Schüler und echter »Alter Meister«, dessen Bilder heute nicht nur in Amsterdam, sondern auch in Dresden, Paris und New York hängen, lebte hier einige Jahre. Später wechselten die Besitzer des Hauses immer wieder, und jeder veränderte die Räume entsprechend dem herrschenden Zeitgeist.

Dennoch sind die Spuren aus allen Jahrhunderten bis heute erhalten geblieben. Möbel, Tapeten, Spiegel, Kacheln, Porzellan und viele Gemälde zeugen vom ausgesuchten Geschmack der Eigentümer und von der weltläufigen Atmosphäre der Stadt zwischen dem 17. und 19. Jahrhundert. Allein das großzügige Treppenhaus beweist, dass Reichtum in Amsterdam vor allem Platz, Raum und Licht bedeutete. Besonders schön ist auch der Blick nach draußen durch die großen Fenster. Während man vorn auf die mondäne *Keizersgracht* schaut, die schon immer der Amsterdamer Oberschicht vorbehalten war, fällt der Blick nach hinten in einen eleganten Garten, der ebenfalls zum Museum gehört und in dem im Sommer hin und wieder klassische Konzerte stattfinden. Am Ende des Gartens befindet sich schließlich das Kutschhaus. Es ist genauso alt wie das Haupthaus, seit 2009 ist es auch Teil des Museums, und wer möchte, kann es für Trauungen und Hochzeiten in stilechter historischer Kulisse mieten.

26

TRAM 1, 2, 5, 13, 17 NIEUWEZIJDS KOLK

Edle Häupter

Am 14. Mai 1940 überzogen die deutschen Truppen Rotterdam mit einem Bombenteppich. Die Stadt glich danach einem Trümmerfeld. Einen Tag später kapitulierte die niederländische Regierung vor dem Feind, es folgten fünf Jahre Besatzung, die ebenfalls Opfer forderte, aber viele Städte des Landes vor der Zerstörung rettete. Ein Grund, warum Amsterdam über eine fast geschlossene Altstadt verfügt, die seit 2010 zum UNESCO-Weltkulturerbe gehört. Die meisten der Grachtenhäuser innerhalb des halbrunden Grachtengürtels sind heute sorgfältig restauriert, und wenn man einmal abends oder nachts an den Kanälen entlangspaziert, kann man durch die

HUIS MET DE HOOFDEN
KEIZERSGRACHT 123
1015 CJ AMSTERDAM
TELEFON: +31 (0)20 62 58 079
WWW.HUISMETDEHOOFDEN.NL

großen erleuchteten Fenster erkennen, dass auch die großzügigen Innenräume ihre historische Grandezza behalten haben, mit Stuck, Kamin und Kronleuchter. Dennoch gibt es immer ein paar Gebäude, die in ihrer Pracht noch einmal hervorstechen. Da ist zum Beispiel das *Huis met de Hoofden* (Haus mit den Köpfen) an der *Keizersgracht*. Warum es so heißt, ist leicht erkennbar: An der Fassade befinden sich auf Höhe der Beletage sechs Büsten, von denen uns vier anschauen und zwei ihr Profil präsentieren. Die Legende, die sich um diese Büsten rankt, ist nichts für zarte Gemüter. Sie will nämlich, dass es sich bei den drei Männern und drei Frauen um Räuber han-

delt, die einst in das Haus eingedrungen sind. Dort sollen sie von einer Küchenmagd überwältigt und mit einem Messer geköpft worden sein. Nun ja. Weniger blutrünstig und vermutlich auch realistischer ist die überlieferte Version, dass es sich bei den Damen und Herren um griechische und römische Götter handelt, genauer gesagt um Apollo, Ceres, Merkur, Minerva, Bacchus und Diana. Dass Merkur und Minerva am Eingang zum Haus platziert sind, soll darauf hinweisen, dass der Eisen-und Papierhändler Louis de Geer, der die Büsten im 17. Jahrhundert angebracht hat, dem Handel und der Weisheit besonders zugetan war. Erbaut hatte das Grachtenhaus 1622 bereits sein Vorgänger, der reiche Strumpfhändler Nicolaas Sohier, der ebenfalls Geschmack bewies, indem er den Giebel und die Fassade des roten Hauses mit weißen Säulen, Bändern, Vasen und Obelisken verzieren ließ. Allerdings erlitt der Strumpfhändler einen untröstlichen Schicksalsschlag, der ihm das neue Haus wohl auf immer verleidete. Sowohl seine Frau als auch seine beiden Töchter starben. Sohier verkaufte an de Geer und der sorgte dafür, dass das Haus mit den sechs Büsten in die Amsterdamer Architekturgeschichte einging. De Geer war größeres privates Glück beschieden. Das Haus blieb vier Generationen lang im Familienbesitz, und da der Besitzer interessiert an Philosophie und Aufklärung war, fanden in seinen Räumen angeregte Diskussionen statt und ein Freund der Familie, der tschechische Philosoph und Reform-Pädagoge Johann Amos Comenius, erhielt hier zeitweise Obdach. Nachdem ein Nachfahre de Geers das Gebäude verkaufte, waren im *Huis met de Hoofden* Ende des 19. und Anfang des 20. Jahrhunderts schließlich verschiedene Ausbildungsstätten und ein Konservatorium untergebracht. Nach einer umfangreichen Renovierung steht das Haus heute wieder im Zeichen der Aufklärung und versteht sich als *Ambassade van de vrije geest* (Botschaft des freien Geistes). Das schlagende Herz dieser Botschaft ist die *Bibliotheca Philosophica Hermetica*, eine umfangreiche Sammlung geistiger, spiritueller und philosophischer Schriften, zu der über 4000 alte Drucke und Handschriften gehören. Auch sie gäbe es vermutlich nicht mehr, hätte 1940 nicht der Klügere nachgegeben.

Schlichte Pracht

Viele der prächtigen Wohnhäuser an den Grachten wurden von Amsterdamer Kaufleuten und Seefahrern des goldenen Zeitalters errichtet, die durch geschickten Handel zu Wohlstand kamen. Es gab allerdings auch die Variante, dass beispielsweise ein Bierbrauer zu besonders großem Reichtum gelangte, weil das Schicksal es einfach gut mit ihm meinte. So erbte Willem van den Heuvel tot Beichlingen – der übrigens in Hamburg geboren wurde – im 17. Jahrhundert sehr viel Geld von einem italienischen kinderlosen Onkel, einem gewissen Giovanni Battista Bartolotti. Weil Willem van den Heuvel tot Beichlingen aber nicht nur reiche Verwandtschaft, sondern

dern und Säulen, was dem Haus im Vergleich zu eher schlichteren Grachtenhäusern einen fast verspielten Charakter verleiht. Weil die *Herengracht* vor dem Haus in einer Kurve liegt, fällt das *Huis Bartolotti* nicht nur durch seine Pracht auf, sondern ebenfalls dadurch, dass es zweifach »geknickt« ist. So schmiegt es sich regelrecht in den Straßenverlauf und wirkt wie ein architektonisches Triptychon, das man leicht erkennt, egal von welcher Seite der *Herengracht* man darauf zuläuft. Ende des 17. Jahrhunderts wurde das große Gebäude aufgeteilt, deshalb ist es mittlerweile mit zwei Hausnummern ausgestattet. Passenderweise residiert heute ein Verein zur Pflege von Architekturdenkmälern in den Räumen von *Huis Bartolotti*. Benannt ist dieser Verein nach ebenjenem Hendrick de Keyser, der dieses Haus einst geplant hat. Die restaurierten Innenräume, die ebenfalls aus der Renaissance stammen, können für Trauungen gemietet werden und lassen sich hin und wieder besichtigen, zum Beispiel am Tag des offenen Denkmals, der im ganzen Land immer am zweiten Septemberwochenende stattfindet.

darüber hinaus über das Monopol an Weizen aus Russland verfügte, konnte er sich um 1620 ein Haus leisten, das sowohl seinen Ansprüchen genügte als auch ein architektonisches Zeichen setzte. Denn wie das *Huis met de Hoofden* gehört das *Huis Bartolotti* heute zu den schönsten Beispielen der Amsterdamer Renaissance, die von dem Baumeister und Stadtarchitekten Hendrick de Keyser entscheidend geprägt wurde. De Keyser verzierte seine markanten rot-weißen Fassaden und den typisch niederländischen Treppengiebel gern mit klassisch anmutenden Details wie Bän-

28

Tausend Knöpfe

Manchmal sind es die kleinen Dinge, die wir kaum beachten, ohne die unser Leben aber ein ganzes Stück ungemütlicher wäre. Knöpfe zum Beispiel! Um die kümmern wir uns nur, wenn sie mal wieder davongesprungen sind und unsere Jacken, Blusen und Hosen nicht mehr zuverlässig zusammenhalten. In Amsterdam widmet sich ein schöner Laden an der *Herengracht* den Knöpfen, weshalb er auch schlicht *Knopenwinkel* (Knopfladen) heißt. Schon der Türknauf an diesem Geschäft sagt einem, dass man hier richtig ist: Er besteht aus einem riesigen braunen Knopf. Und hinter der Tür öffnet sich das Paradies für alle Liebhaber von selbstgenähten und

KNOPENWINKEL
HERENGRACHT 389
1016 BC AMSTERDAM
DI - FR 12-17.30, SA 12-17
TELEFON: +31 (0)20 62 69 472
WWW. KNOPENWINKEL.NET

verzierten Kleidern wie auch von skurrilen Sammlerstücken.

Was einem in diesem bunten Laden sofort auffällt, Knopf ist nicht gleich Knopf. Es gibt große und kleine, einfarbige und bunte, solche aus Plastik und solche aus Holz oder Elfenbein. Es gibt mit Stoff bezogene Knöpfe, Knöpfe aus Perlmutt, Metall, Glas, manche sind neu, andere alt oder besser Vintage, wie man das heutzutage nennt. Eingerichtet ist dieses Geschäft wie das Atelier einer Künstlerin und als solche versteht sich die Besitzerin Thea de Boer auch, jedenfalls als Lebenskünstlerin. Auf Reisen um die ganze Welt hat sie ihren eigenen Stil entwickelt, der so farbenfroh ist wie die Auswahl ihrer Knöpfe. Mittlerweile hat sie diese Auswahl noch erweitert um Taschen, Tücher und Accessoires aus aller Herren Länder. Betritt man diesen Laden, fühlt man sich wie auf Besuch bei einer guten Freundin mit einem liebenswerten Spleen: Knöpfe!

29

TRAM 4, 9, 14 / BUS 755, 757 REMBRANDTPLEIN

Antike Taschen

Über die Handtasche der Frau ist schon viel geredet, geschrieben und gespottet worden. Deshalb kann es nicht schaden, sich einmal vollumfänglich über ihre Geschichte zu informieren, und sei es nur, um bei der nächsten ironischen Bemerkung über Größe und Gestalt der eigenen Handtasche mit einem klugen Kommentar kontern zu können. Das *Tassenmuseum Hendrikje* in der *Herengracht* behauptet von sich, das größte Taschenmuseum der Welt zu sein. Ob das wirklich so ist, wer will es beweisen! Dennoch lohnt sich ein Besuch. Denn zum einen betritt man hier ein schön restauriertes Grachtenhaus des goldenen Zeitalters mit üppigen Wand- und

TASSENMUSEUM HENDRIKJE
HERENGRACHT 573
1017 CD AMSTERDAM
TÄGLICH 10-17
TELEFON: +31 (0)20 52 46 452
WWW.TASSENMUSEUM.NL

Deckengemälden und einem eleganten Teesalon im ersten Stock. Zum anderen kann man mit der Sammlung von 5000 Taschen auf ganz spezielle Weise in die Kulturgeschichte eintauchen. Wobei der Begriff »Tasche« hier für alle seine möglichen Varianten steht und auch Beutel, Koffer und Börsen umfasst. In eleganten abgedunkelten Räumen sind die schönsten Modelle in erleuchteten Vitrinen ausgestellt, und es ist wirklich bemerkenswert, was Frauen so alles mit sich herumgetragen haben. Taschen in Form eines Autos, eines Mundes oder eines Cupcakes, Taschen mit eingesticktem Liebesgedicht, Taschen aus Metall,

Plastik oder Papier. Und tatsächlich spiegelt sich jede historische Periode in den Taschen wider. Weil Kleidung bis ins 18. Jahrhundert hinein keine eingenähten Taschen hatte, hängten sich Frauen wie Männer allerlei Beutel und Börsen einfach an den Gürtel. Danach brachte die industrielle Revolution eine Vielfalt von Materialien und Formen in die Taschenkollektionen, bis im 20. Jahrhundert Taschen schließlich Funktionalität und Mode in sich vereinen mussten, gern geknüpft an teure Markennamen. Die Tasche, die Hendrikje Ivo zur Gründung ihres Privatmuseums inspiriert hat, stammt übrigens aus Deutschland. Es ist ein reich mit Perlmutt verziertes Täschchen vom Beginn des 19. Jahrhunderts, das ihr in einem englischen Antiquitätengeschäft in die Hände fiel. Die Dauerausstellung im *Tassenmuseum Hendrikje* wird regelmäßig von Sonderausstellungen begleitet, zum Beispiel über Taschen speziell für Männer oder Taschen aus dem alten China. Den Museumsshop hält so mancher Besucher für eine weitere Abteilung der Ausstellung, aber alles, was hier liegt und hängt, kann man tatsächlich mit nach Hause nehmen.

TRAM 1, 2, 5 / BUS 13, 17 DAM

Viel ertragen

Ob die chinesische Touristin weiß, neben wem sie ihre Freundin da gerade fotografiert? Auf jeden Fall blickt ihre Freundin weitaus fröhlicher in die Kamera als dieser Mann mit dem Schnauzbart, dessen Kopf auf einem Torso ohne Arme und Beine ruht. Und die meisten Passanten, die nicht in den Niederlanden zur Schule gegangen sind, werden vermutlich achselzuckend an diesem Denkmal auf der *Torensluis*-Brücke vorübergehen. *Multatuli*? Nie gehört. Dabei handelt es sich bei diesem Mann um einen der größten niederländischen Schriftsteller, dessen unglücklicher Blick allerdings nicht von ungefähr kommt, steht der lateini-

sche Name Multatuli doch für »ich habe vieles ertragen«. 1820 als Eduard Douwe Dekkers unweit dieses Denkmals geboren, verdankt er seinen Ruhm einem einzigen Buch: »Max Havelaar oder die Kaffeeversteigerungen der Niederländischen Handelsgesellschaft«. Bis heute ist es für manchen Literaturliebhaber der beste niederländische Roman aller Zeiten, vermutlich weil er zugleich widerständig und zeitlos ist. Erzählt wird nämlich die Geschichte eines Mannes, der sich gegen die korrupten Zustände in Niederländisch-Indien auflehnt. Und Eduard Douwe Dekkers alias Multatuli wusste, worüber er schrieb, hatte er doch selbst lange Jahre als Beamter auf Sumatra und Java gearbeitet und sich dort immer wieder über Ausbeutung und Sklaverei der Bevölkerung empört. Nachdem Multatuli sein Buch in nur vier Wochen geschrieben hatte, waren die Reaktionen entsprechend heftig und reichten von Abscheu bis Bewunderung, beste Voraussetzungen für einen Bestseller. Vielfach übersetzt, fand »Max Havelaar« in ganz Europa seine Leser, selbst Sigmund Freud und Hermann Hesse zeigten sich angetan. Es folgten bald weitere literarische Werke Multatulis, aber keines sollte wieder an dieses Opus Magnum heranreichen. Denn so groß sein Ruhm auch war, so unberechenbar war der Charakter des Schriftstellers. Als ein Gerichtsprozess gegen Eduard Douwe Dekkers anstand, in dem er wegen Körperverletzung angeklagt wurde – er hatte sich während einer Opernvorstellung an Zuschauern gestört, die sich lauthals über eine Sängerin lustig machten, und war handgreiflich geworden –, beschloss er, ins Exil nach Deutschland zu gehen. In Ingelheim am Rhein fand er sein letztes Zuhause, wo er 1887 auch starb. Genau 100 Jahre später enthüllte die niederländische Königin Beatrix das von Hans Bayens entworfene Denkmal an der Amsterdamer *Singel*. Ein Museum zum Leben Multatulis ist am *Koorsjespoortsteeg* 20 eingerichtet. Es ist das Geburtshaus des Mannes, der einmal den klugen Satz gesagt hat: »Vom Mond aus betrachtet sind wir alle gleich groß.«

Im Jordaan

31

TRAM 1, 2, 5, 13, 17 NIEUWEZIJDS KOLK

Antik und Bio

Das Gedränge ist groß am Stand mit den bunten Kleidern, Hosen und Blusen, die wild durcheinander auf großen Tapeziertischen ausgelegt sind. Frauen jeden Alters wühlen sich durch die Berge, ziehen ein Stück Stoff hervor, prüfen Qualität und Größe. Ankleidekabinen gibt es nicht, mitten auf dem *Noordermarkt* und unter freiem Himmel. Trotzdem ziehen einige der Damen ungeniert Röcke oder Pullover über, um sicher zu sein, dass auch passt, was sie für wenig Geld erwerben können. Und wenn sie dann etwas nach ihrem Geschmack gefunden haben, wird das gute Stück bar bezahlt, in die Tasche oder den Rucksack gestopft und auf geht's zum nächsten Stand.

NOORDERMARKT
1015 NA AMSTERDAM
SA 9–16

Schon seit 1620, dem Jahr, in dem mit dem Bau der *Noorderkerk* begonnen wurde, wird in ihrem Schatten Markt gehalten. Anfangs waren es Geschirr, Stoffe, Tauben und Hüte, die hier angeboten wurden, und man darf wohl davon ausgehen, dass keine der Dienstmägde und Hausfrauen, die sich hier trafen, sich die Blöße einer öffentlichen Anprobe gegeben hätte. Eher glich das Treiben vermutlich den Motiven auf den Genre-Bildern im *Rijksmuseum*, wo die Frauen noch weiße Hauben und die Männer schwere *klompen* trugen. In späteren Jahrhunderten kamen Haushaltswaren aller Art dazu, und die Geschäfte breiteten sich bis in die *Westerstraat*

und in die *Lindengracht* aus. Die Kriegsjahre waren vor allem vom Verkauf aus zweiter Hand bestimmt.

Seit 1987 findet nun jeden Samstag ein Wochenmarkt auf einem der schönsten Plätze im Zentrum von Amsterdam statt. Ein Wochenmarkt, der zunehmend von den Ansprüchen der neuen und gut situierten Bewohner des einstigen Armen- und Arbeiterviertels *Jordaan* bestimmt wird: Bio-Fleisch, Bio-Käse, Bio-Gemüse, Bauernbrot, handgemachte Pasta, feine Öle, Kräuter und Gewürze. Wer gern selber kocht, findet auf dem *Noordermarkt* alles, was er braucht. Und auch wer sich lieber bekochen lässt und stattdessen gern in alten Bü-

chern blättert, Keramik oder alten Schmuck sammelt, Vintage-
Kleidung mag oder einfach nur
gern über Märkte schlendert,
dem wird das Herz aufgehen.
Denn obwohl der *Noordermarkt*
längst kein Geheimtipp mehr ist
und sich hier neben den Amsterdamern auch viele Touristen
tummeln, ist die Stimmung aus-
gesprochen freundlich. Wenn
dann noch die Sonne scheint
und man am Rand des Marktes
auf einer der Caféterrassen einen
Platz findet, um ein Stück *appel-
taart* zu genießen, ist die Welt in
Ordnung.

Süß und Salzig

HET OUD HOLLANDSCH SNOEPWINKELTJE
TWEEDE EGELANTIERSDWARSSTRAAT 2
1015 SC AMSTERDAM
DI - SA 11-18.30
TELEFON : +31 (0)20 42 07 390
WWW.SNOEPWINKELTJE.COM

Ein kleiner blonder Junge mit zerzaustem Haar steht neben seiner adretten Oma und weist mit dem Finger auf lange rote Schlangen aus süßem Gummi, die in einem hohen Glas im Regal stehen. Die Oma nickt: »Davon zwei und dann noch ein paar salzige Heringe für mich.« Mariska Schaefer, Tochter eines legendären Amsterdamer Sozialdemokraten und Besitzerin von *Het Oud Hollandsch Snoepwinkeltje*, verkauft ihre Süßigkeiten einzeln oder ab 50 Gramm in der Tüte. Für die Oma und ihren Enkel fischt sie Schlangen und Heringe aus den Gläsern und packt alles einzeln in Tüten, bevor sie zwei Mädchen je einen Lutscher für 50 Cent verkauft.

oder einfach alles durcheinander essen. Denn die Auswahl ist riesig. Es gibt hunderte Varianten und Marken, alles zwischen extrem süß und extra salzig, besonders hart und super weich ist möglich, und die Formen reichen von der allseits bekannten Lakritzschnecke über Münzen, Häuser, Tiere und Autos bis zu Herzchen und Blümchen.

Ähnlich wie die der Cola begann die Geschichte des *drop* in der Apotheke, denn ursprünglich wurde das Wurzelextrakt des Süßholzes, aus dem die Lakritz zu großen Teilen besteht, als Medizin eingesetzt. Gegen die Pest sollte das Süßholz ebenso helfen wie gegen Magenschmerzen und Erkältung. Und ein Apotheker aus England soll es gewesen sein, der eine Mischung aus Süßholzwurzel, Zucker und Bindemittel zusammenrührte und so vermutlich das erste Lakritzbonbon herstellte. Später wurden auch Salmiak, Honig, Menthol und Lorbeer hinzugefügt.

Kinder werden in *Het Oud Hollandsch Snoepwinkeltje* immer zuerst bedient. Alle Menschen, die sich für erwachsen halten, müssen deshalb etwas Geduld mitbringen. Doch ein Besuch in der *Tweede Egelantiersdwarsstraat* mitten im *Jordaan* ist unerlässlich für jeden Liebhaber von Gummibärchen, Bonbons und ganz besonders von Lakritz bzw. *drop*, wie man hier dazu sagt. Denn *drop* ist die Lieblingsnascherei der Nation. Angeblich verputzt jeder Niederländer davon ungefähr zwei Kilo im Jahr, die größte Menge weltweit. Und in der Regel beginnen sie als Kinder mit den süßesten Varianten, bevor sie sich als Erwachsene eher den salzigen Varianten zuwenden

Für alle, die sich nicht entscheiden können, stellt Mariska Schaefer im *Oud Hollandsch Snoepwinkeltje* eine eigene Mischung zusammen, dann wird die Nascherei zum geschmacklichen Abenteuer. Aber die meisten Kunden wissen schon, was sie wollen, vor allem natürlich die Kinder, die hier besonders gern gesehen sind.

Frauen und Kinder zuerst

Spaziert man durch die Straßen, Gassen und Grachten des *Jordaan*, vermutet man nicht, dass sich hinter einigen Türen eine ganz eigene Welt eröffnet. Es ist die Welt der Höfe. Vierzehn dieser Höfe, die auf eine lange Geschichte zurückblicken, gibt es noch, und alle tragen schöne Namen, zum Beispiel *Lindenhofje*, *Rozenhofje* oder *Regenboogs-Liefdeshofje*. Das *-je* am Ende des Namens weist darauf hin, dass es sich um kleine Höfe, also Höfchen handelt. Obwohl sie in Größe und Ausstattung unterschiedlich sind, hatten sie historisch betrachtet doch alle eine gemeinsame Bestimmung als Wohneinrichtungen für ältere Menschen oder alleinstehende

KARTHUIZERHOF
KARTHUIZERSTRAAT 87-171
1015 LP AMSTERDAM

Frauen, die hier einen sicheren Rückzugsort fanden. In der Regel ging dieser Rückzugsort aus einer kirchlichen oder bürgerlichen Stiftung hervor. Wie das aussah, lässt sich bis heute besichtigen, zum Beispiel im *Karthuizerhof* in der *Karthuizerstraat*. Sein Name weist darauf hin, dass an diesem Ort, unweit des *Noordermarkt*, einmal ein Kartäuserkloster stand. Über dem Eingang, einem weißen Tor, steht jedoch noch der offizielle Name, den der Hof bei seiner Errichtung erhielt: *Huys-Zitten-Weduwen-Hofe*. Denn 1650 wurden hier Wohnungen speziell für Witwen und deren Kinder sowie für unverheiratete Frauen eingerichtet, in diesem Fall von einem städtischen Wohltätigkeitsinstitut, das den Hof bei Daniel Stalpaert in Auftrag gab, einem der bedeutendsten holländischen Architekten des 17. Jahrhunderts. Er plante den Hof großzügig mit vier zweistöckigen Flügeln um einen begrünten Innenhof mit zwei zentralen Pumpen zur Wasserversorgung. Um die hundert Frauen fanden hier mit ihren Kindern in schlichten Einzimmerwohnungen ein Zuhause, für viele ein ungekannter Luxus. Sie mussten keine Miete zahlen und wurden zusätzlich mit Lebensmitteln und Heizmaterial versorgt. Man kann sich das Treiben der Frauen und Kinder in den vorigen Jahrhunderten gut vorstellen, die Mädchen und Jungen, die im Sommer über den Hof tollten, während ihre Mütter vor den Eingängen saßen, eine Handarbeit im Schoß und links und rechts den neuesten Tratsch der Nachbarschaft austauschend. Und am Sonntag strömten alle gemeinsam in die kleine Kapelle, die ebenfalls zum Hof gehört. Steht man heute im *Karthuizerhof*, ist es hier, anders als im oft gut besuchten *Begijnhof* am *Spui*, wirklich sehr still. Die Stühle und Bänke vor den Hauseingängen stehen tagsüber verlassen da, denn die Bewohner des Hofes gehen irgendwo in der Stadt ihrem Tagwerk nach. Man muss auch nicht mehr verwitwet oder alleinstehend sein, um eine der 65 Wohnungen zu mieten. Wer allerdings einmal eine der begehrten Wohnungen bezogen hat, kann sich glücklich schätzen, mitten in der Stadt und doch in idyllischer Abgeschiedenheit zu leben.

Rund um den Leidseplein

34

TRAM 1, 2, 5, 7, 10 / BUS 752, 753, 754, 758 LEIDSEPLEIN

Amsterdam mondän

In Amsterdam gibt es viele kleine gemütliche Cafés, in denen man eng beieinandersitzt oder steht, und wo es außer ein paar Nüssen und Käsetoasts nichts zu essen gibt. Das muss man mögen. Wer seinen Kaffee oder Wein jedoch lieber in etwas mondänerer Umgebung trinken möchte, der findet sich früher oder später im *Café Americain* im *American Hotel* am *Leidseplein* wieder. Schon das Gebäude ist aufsehenerregend. 1902 im Jugendstil errichtet, steht es in hellem Stein wie eine stabile Burg gegenüber der *Stadsschouwburg*, dem Stadttheater von Amsterdam.
Wie es sich für ein Grand Hotel gehört, ist das Grand Café im Erdgeschoss mit Geschmack ein-

CAFÉ AMERICAIN
LEIDSEKADE 97
1017 PN AMSTERDAM
TÄGLICH 6.30-22.30
TELEFON: +31 (0)20 55 63 010
WWW.CAFEAMERICAIN.NL

gerichtet und kommt doch zugleich so gemütlich daher, dass manche es auch als »Wohnzimmer von Amsterdam« bezeichnen. So steht hier unter anderem der älteste Lesetisch der Stadt, an dem Zeitungen aus aller Welt ausliegen. Bleiglasfenster, Tiffany-Lampen, dunkles Holz und hohe Sessel erinnern an die 1920er und 1930er Jahre, als sich hier noch Herren in Anzug und mit Zigarre trafen, um das Weltgeschehen zu diskutieren. Nach 1933, als ihre Bücher in Deutschland verboten und sie selbst von Verfolgung bedroht waren, trafen sich im *Café Americain* auch deutsche Exilschriftsteller, die sich gegenseitig Mut zusprachen. So erinnert sich Klaus Mann in seiner Auto-

biografie »Wendepunkt« an die Zeit, die er in Amsterdam verbrachte: »Man saß auf der Terrasse des Hotels Américain und trank oude Genever, wozu man sich appetitliche Würfelchen aus holländischem Käse oder einen frischen Hering schmecken ließ.« Die Exilrunde, zu der neben Klaus Mann unter anderem Ernst Toller, Egon Erwin Kisch, Joseph Roth und Irmgard Keun sowie ihre ebenfalls exilierten Verleger Fritz Landshoff und Hermann Kesten gehörten, waren dem Ruf der beiden Exilverlage *Querido* und *Allert de Lange* gefolgt, in denen zwischen 1933 und 1940 ca. 200 Bücher in deutscher Sprache erschienen. Unter anderem veröffentlichte Querido 1936 den kontrovers rezipierten Roman »Mephisto«, von denen Klaus Mann einige Kapitel im *Café Americain* verfasst hatte und sich dabei vermutlich den Kopf über den Wahnsinn der Welt zerbrach.

In den 1950er Jahren war es der Schriftsteller Harry Mulisch, der zum Schreiben ins *Café Americain* kam, und die Legende will, dass der noch junge Autor sich von den Kellnern laut und deutlich zum Telefon rufen ließ, damit auch alle Anwesenden erfuhren, mit wem sie den Raum teilten. Der Lesetisch, an dem Mulisch bis ins hohe Alter anzutreffen war, trägt heute seinen Namen.

35

TRAM 1, 2, 5, 7, 10 / BUS 752, 753, 754, 758 LEIDSEPLEIN

Vergilbte Geschichte

CAFÉ RIJNDERS
LEIDSEPLEIN 6
1017 PT AMSTERDAM
GEÖFFNET TÄGLICH
TELEFON: +31 (0)20 52 34 419
WWW.CAFERYNDERS.NL

Egal, wie hell oder dunkel es draußen ist, egal, ob es regnet oder die Sonne scheint, im *Café Rijnders* am *Leidseplein* ist das völlig unwichtig. Man bekommt es sowieso nicht mit. Wenn man einmal in diese Höhle eingetaucht ist, ist die Tages- oder Nachtzeit nebensächlich. Denn hier kann man alles, was draußen spielt, hinter sich lassen, das geschäftige Treiben und den Touristenrummel, der vor allem am Wochenende am *Leidseplein* tobt, wo im Sommer eine Terrasse in die andere übergeht und aus jedem Pub ein eigener Sound dröhnt. Das *Café Rijnders* ist der Fels in der Brandung der Feierwütigen. 1896 eröffnet, hat es sich seitdem kaum ver-

ändert. Die Möbel aus dunklem Holz haben ungerührt den Zigarettenqualm, den Bierdunst, den Schweiß und die hitzigen Debatten von mehr als hundert Jahren in sich aufgesogen und werden es auch weiterhin tun. An der langen Bar werden elf Biere vom Fass ausgeschenkt, die Bilder an den Wänden zeugen von einer lebhaften Geschichte.

Tagsüber mag es hier noch ruhig zugehen, aber spätestens gegen halb sechs Uhr abends, wenn die Leute aus den umliegenden Bü-

ros strömen, füllt sich das *Café Rijnders* schnell. Das Angebot an Speisen ist nicht aufregend, aber typisch für Amsterdam, es reicht von belegten Brötchen über Hamburger und Pommes bis zum *stamppot*, dem Nationalgericht der Holländer, Kartoffelstampf mit Gemüse.

Übrigens, in den 1930er Jahren soll Joseph Roth, der in Amsterdam einige Stammcafés hatte, auch hier gern eingekehrt sein. Doch nachdem er die Runde, die sich um den berühmten Schriftsteller scharte, um seinen Anekdoten aus dem Habsburger Reich zu lauschen, großzügig eingeladen hatte, bemerkte er oft erst zur Sperrstunde, dass er gar keine Geldbörse bei sich trug. Doch er wusste sich zu helfen und ließ den Wirt wissen, er solle doch bei seinem *Querido*-Verleger Fritz Landshoff anrufen, der würde die Rechnung schon übernehmen. Und der tat das tatsächlich immer wieder. Denn sosehr er den ewig klammen Roth verfluchte, so sehr hatte er den großen Schriftsteller ins Herz geschlossen.

36

Kosmische Entspannung

Pink Floyd, U2, REM, Robbie Williams, Lady Gaga: Alles, was in der Popmusik Rang und Namen hat, ist schon im Amsterdamer *Paradiso* aufgetreten. Und auch wenn hier statt ein paar zehntausend nur maximal fünfzehnhundert Leute reinpassen und man im *Ziggo Dome* und in der *Arena* ein vielfach größeres Publikum erreicht, kommen sie immer wieder.

Allein der Name dieses Hauses ist so vielversprechend wie vielsagend, denn er weist darauf hin, dass hier nicht immer Bands spielten und Platten aufgelegt wurden, sondern tatsächlich einmal geistliche Gesänge erklangen. 1880 als religiöses Zentrum am *Weteringsschans*, in

PARADISO
WETERINGSSCHANS 6-8
1017 SG AMSTERDAM
WWW.PARADISO.NL

Sichtweite des *Leidseplein* errichtet, tat das Haus seinen Dienst für die »Freie Gemeinde« mehrere Jahrzehnte zuverlässig, auch ohne Kanzel oder Orgel. Aber irgendwann ließ der Glaube wohl nach, die Gemeinde fand andere Gebetshäuser, und dieses schöne Gebäude stand so lange leer, bis es Ende der 1960er Jahre kurzerhand von einigen Hippies und im Namen der Liebe besetzt wurde. Allerdings dauerte der Liebesreigen nur einige Wochen, bevor die Polizei das Haus wieder räumte, die Stadt Amsterdam es zum Kulturzentrum erklärte und dafür den großartigen Namen *Kosmisches Entspannungszentrum Paradiso* erfand. Da diese Entspannung jedoch vor allem mit sehr lauter Musik verbunden war, wurden bald die schönen Bleiglasfenster von außen mit Holz und von innen mit Spiegeln zugenagelt, die Nachbarn werden dafür dankbar gewesen sein. Dass das *Paradiso* auch für sehr prominente Musiker noch immer der beste Auftrittsort der Niederlande ist, liegt ganz sicher an der intimen Sphäre, die Besucher kommen ihren Pophelden vom Saal und der Empore sehr nahe. Mittlerweile gibt es drei Bühnen im Haus, und oft finden täglich mehrere Veranstaltungen statt, die sich längst nicht mehr nur um Musik drehen, sondern auch um Literatur, Film, Theater und Politik. Und weil die Besucherzahlen weiter steigen, hat das *Paradiso* seit einigen Jahren einige Ableger in der Stadt, unter anderem das *Paradiso Noord* im *Tolhuistuin* in Amsterdam Noord.

Amsterdam Ost

Mokum Alef

PORTUGESE SYNAGOGE
MR. VISSERPLEIN 3
1011 RD AMSTERDAM
SO - DO 10-17, FR 10-16
TELEFON: + 31 (0)20 53 10 310
WWW.JCK.NL

JOODS HISTORISCH MUSEUM UND
KINDERMUSEUM
NIEUW AMSTELSTRAAT 1
1011 PL AMSTERDAM
TÄGLICH 11-17
TELEFON: + 31 (0)20 53 10 310
WWW.JCK.NL

»Jerusalem des Westens«, so wurde Amsterdam im 17. Jahrhundert genannt, weil nirgendwo sonst in Westeuropa mehr Juden lebten als in dieser Stadt. Hier waren sie sicher vor Verfolgung und Pogromen, die sie anderswo erleiden mussten, zum Beispiel in Spanien und Portugal, wo die jüdische Bevölkerung im Visier der Inquisition stand. Viele sephardische Juden flüchteten deshalb in den Norden, in die Zentren der *Republik der Sieben Vereinigten Niederlande,* nach Maastricht, Antwerpen oder nach Amsterdam. Städte, die durch ihre weltweiten Handelsbeziehungen den Umgang mit fremden Kulturen eingeübt hatten und um deren Bereicherung

wussten. So war es den Juden selbstverständlich auch gestattet, eigene Gotteshäuser zu errichten. Das größte und schönste Amsterdams, die *Portugese Synagoge* (Portugiesische Synagoge), entstand im einstigen jüdischen Viertel, wo sich Juden ausdrücklich freiwillig niederließen, denn ein Ghetto hat es hier nie gegeben. Hauptschlagader dieses Viertels war die *Jodenbreestraat*, in der man heute noch das Rembrandt-Haus besuchen kann. Den Rest der ursprünglichen Bebauung sucht man allerdings vergeblich. Sie musste in den 1970er Jahren dem Bau der städtischen Metro weichen, unter großem Protest der Amsterdamer.

Die Synagoge blieb glücklicherweise unangetastet. In den Jahren 1671 bis 1675 erbaut, war es die weltgrößte Synagoge ihrer Zeit und wurde zum Vorbild vieler später erbauter Häuser. Im Gegensatz zu den aschkenasischen bzw. hochdeutschen Juden aus dem Osten Europas konnten sich die größtenteils wohlhabenden sephardischen Juden solch einen prächtigen Bau leisten, den Egon Erwin Kisch einmal eine »Kathedrale auf jüdisch« nannte. Umringt ist die Amsterdamer *Esnoga* oder auch *Snoge*, wie sie hier genannt wird, von flachen Gebäuden, in denen sich unter anderem die *Ets Haim Livraria Montezinos* befindet, bis heute eine der wichtigsten jüdischen

Bibliotheken der Welt. Die Synagoge selbst wirkt mit ihren Bänken in edlem, dunklen Holz und den goldenen Lüstern wie eine entrückte Insel inmitten des großstädtischen Dauerbetriebs. Besonders eindrucksvoll ist dieser Ort zu wichtigen jüdischen Feiertagen, wenn der hohe weite Raum allein vom Schein der hunderten Kerzen erleuchtet ist. Dass die *Portugese Synagoge* die Besatzung durch die Nationalsozialisten unbeschadet überstanden hat, ist übrigens nur einer makabren Tatsache geschuldet: Hatten die Nazis doch vor, hier ein Museum zur verschwundenen (!) jüdischen Kultur zu errichten.

Von der höchst lebendigen jüdischen Kultur zeugt heute das *Joods Historisch Museum*, nicht weit entfernt vom Gotteshaus, eingerichtet in vier ehemals aschkenasischen bzw. hochdeutschen Synagogen, die in ihren Ausmaßen viel kleiner und weniger reich ausgestattet waren. Die Sammlung dieses Museums umfasst 11 000 Stücke, die von der jahrhundertelangen jüdischen Geschichte und Kultur in den Niederlanden zeugen. Eine umfangreiche Mediathek mit Fotografien, Filmen und Texten ist ebenfalls zugänglich. Und wer mit der ganzen Familie kommt, der kann auch das Kindermuseum des *Joods Historisch Museum* besuchen. Und wem irgendwo in der Stadt der Name *Mokum Alef* begegnet, der muss sich nicht wundern, denn es ist von alters her der jüdische Spitzname für Amsterdam, das einstige »Jerusalem des Westens«.

Theater des Grauens

HOLLANDSCHE SCHOUWBURG
PLANTAGE MIDDENLAAN 24
1018 DE AMSTERDAM
TÄGLICH 11-17
TELEFON: +31 (0)20 53 10 310
WWW.JCK.NL

NATIONAAL HOLOCAUST MUSEUM
PLANTAGE MIDDENLAAN 27
1018 DB AMSTERDAM
TÄGLICH 11-17
TELEFON: +31 (0)20 53 10 310
WWW.JCK.NL

Lustspiele, Operetten, Varieté – es war vor allem das Genre der leichten Muse und der Unterhaltung, dem sich das Programm in der *Hollandsche Schouwburg* seit seiner Eröffnung 1882 widmete. Aus allen Vierteln der Stadt strömten die Amsterdamer für einen vergnügten Abend in das Theater an der *Plantage Middenlaan*. Dass nicht wenige Akteure auf und hinter der Bühne jüdischer Herkunft waren, interessierte sie dabei weniger, Hauptsache, die Pointe saß. Die deutschen Besatzer sahen das ab 1940 jedoch weit weniger großzügig. Sie nahmen die Tatsache, dass das Theater mitten im jüdischen Viertel stand, zum Anlass, das Haus auf ihre Art zu

kennzeichnen und es in *Joodse Schouwburg* (Jüdisches Theater) umzubenennen. Von nun an durften jüdische Künstler, die zuvor in der ganzen Stadt ihr Publikum fanden, nur noch hier auftreten. Im August 1942 wurde der Spielbetrieb schließlich ganz eingestellt. Das Theater wurde zum sogenannten *Umschlagplatz Plantage Middenlaan* – alle Juden aus dem Großraum Amsterdam waren gezwungen, sich früher oder später hier einzufinden. Augenzeugenberichten zufolge waren die Verhältnisse katastrophal, hunderte Menschen drängten sich dicht an dicht, erfüllt von Angst und Schrecken und häufig nicht ahnend, was ihnen bevorstand: dass sie nämlich von

der *Joodse Schouwburg* zunächst in die Durchgangslager *Westerbork* und *Vught* gebracht und von dort in die Konzentrationslager im Osten Europas deportiert werden würden, aus denen nur die wenigsten nach Kriegsende zurückkehrten.

Lange war man sich nach 1945 uneinig darüber, wie man ein Haus mit dieser Geschichte weiter nutzen könnte. Zunächst wurde der Saal gelegentlich vermietet, doch als hier wieder Theater gespielt werden sollte, verfehlten die Proteste aus der jüdischen Gemeinde ihre Wirkung nicht. 1947 kam die *Hollandsche Schouwburg* in den Besitz einer jüdischen Stiftung. Doch erst 1962 wurde der Theatersaal abgerissen, um eine dauerhafte Gedenkstätte in dem nun offenen Innenhof einzurichten. In der ersten Etage des vorderen Gebäudes berichtet heute eine Ausstellung vom Schicksal der niederländischen Juden während der deutschen Besatzung. Im Foyer der *Hollandsche Schouwburg* befindet sich eine Wand mit den 6700 Familiennamen der deportierten niederländischen Juden, von denen 104 000 dem Holocaust zum Opfer fielen. Eine Zahl, die übrigens relativ und im Vergleich mit anderen westeuropäischen Ländern betrachtet sehr hoch ist. Ein Fakt, der im einstigen »Jerusalem des Westens« besonders schmerzt.

2016 wurde gegenüber der *Hollandsche Schouwburg*, im Gebäude einer ehemals jüdischen Schule, das *Nationaal Holocaust Museum* eröffnet, das ebenfalls mit wechselnden Ausstellungen aufwartet. Gemeinsam mit der *Portugese Synagoge*, dem *Joods Historisch Museum* und dem Kindermuseum bilden diese Häuser das *Joods Cultureel Kwartier*, das Jüdische Kulturviertel, das sowohl vom kulturellen Reichtum als auch vom Schrecken innerhalb der jüdischen Gemeinde in Amsterdam erzählt.

39

TRAM 9,14 / MR. VISSERPLEIN

Grünes Herz

HORTUS BOTANICUS
PLANTAGE MIDDENLAAN 2A
1018 DD AMSTERDAM
TÄGLICH 10-17
TELEFON: +31 (0)20 62 59 021
WWW.DEHORTUS.NL

Wie gern vergessen wir unter nordeuropäischen Stadthimmeln, dass die Flora dieser Welt noch viel aufregendere Varianten zu bieten hat als Kastanien, Eichen, Tulpen und Gänseblümchen. Glücklicherweise gibt es Botanische Gärten, um uns auf charmante Weise daran zu erinnern. Und natürlich verfügt auch Amsterdam über einen sehenswerten *Hortus Botanicus*, denn schon seit 1638 werden hier Pflanzen gepflegt, gesammelt und gezüchtet, zunächst aus ganz praktischen Gründen, nämlich um Ärzte und Apotheken mit Kräutern und heilenden Extrakten zu versorgen. Ursprünglich an anderer Stelle, liegt der *Hortus Botanicus* seit

1682 in der *Plantagebuurt* (Plantageviertel), dessen Name bereits darauf hindeutet, dass hier einmal Volksgärten und Parks das Stadtbild bestimmten. Zwei Jahre später erweiterte sich das Spektrum des *Hortus Botanicus* auf (damals noch) so exotische Pflanzen wie Tulpen, Hyazinthen, Spargel oder Olivenbäume. Dabei hatten die Amsterdamer Botaniker einen gewichtigen Standortvorteil, denn im goldenen Zeitalter der niederländischen Seefahrt brachten ihnen Seeleute Gewächse aus der ganzen Welt mit. Auch solche, die im 17. und 18. Jahrhundert in Europa noch kaum jemand kannte, darunter Okra, Kaffee und Ananas. Weltruhm erlangte der *Hortus Botanicus* schließlich Ende des 19. Jahrhunderts unter Leitung des Biologen und Genetikers Hugo de Vries. Er hatte jahrelang ganz bestimmte Pflanzenarten gekreuzt und war so dem Phänomen der Mutation auf die Spur gekommen, einem wichtigen Baustein der Vererbungslehre.

Bis heute versteht sich dieser Botanische Garten nicht nur als Ausstellungsort schöner und fremder Pflanzen, sondern auch als Ort der Wissenschaft und Forschung. Regelmäßig werden Rundgänge für Schüler und Studenten angeboten, Botaniker sind zu Gast in den prächtigen Gewächshäusern, und der interessierte Besucher kann eintauchen in die Welt der Pflanzen, die hier ungefähr 4000 Arten umfasst. Besondere Sammlungen des Amsterdamer *Hortus Botanicus* zeigen südafrikanische Pflanzen, Palmen, Farne und – Achtung, bitte nicht berühren! – Karnivoren, auch bekannt als fleischfressende Pflanzen.

Royaler Tierpark

Es ist schon ein besonderes Erlebnis, wenn im Schmetterlingspavillon große blau und silbern glitzernde Falter ganz dicht an einem vorbeifliegen. Bei den Insekten wird einem dagegen schon beim Anblick von Giftspinnen ganz anders, zum Glück bleiben die hinter Glas. Aber den ganz kleinen Tieren widmet der Amsterdamer Zoo eben genauso viel Aufmerksamkeit wie den ganz großen, den Elefanten, Giraffen und Löwen.

Allerdings spricht in Amsterdam niemand vom Zoo, sondern nur von *Artis*. Dieser eingängige Name stammt vom lateinischen *Natura Artis Magistra* – die Natur ist der Kunst eine Meisterin –, den der Tierpark seit seiner Er-

ARTIS
PLANTAGE KERKLAAN 38-40
1018 CZ AMSTERDAM
NOV - FEB 9-17, MÄRZ - OKT 9-18
TELEFON: +31 (0)900 27 84 796
WWW.ARTIS.NL

öffnung im Jahr 1838 trägt. Damit ist *Artis* der älteste Tierpark der Niederlande, und das spiegelt sich in den vielen alten Bäumen, historischen Gebäuden und Skulpturen auf dem gesamten Gelände wider. Schon am Eingang wird man von zwei goldenen Greifvögeln begrüßt, die dort seit fast zwei Jahrhunderten stoisch ausharren. Auch das Aquarium erinnert eher an ein Kunstmuseum, in dem die ausgestellten Objekte jedoch glücklicherweise quicklebendig hin und her schwimmen. Neben farbenfrohem Meeresgetier erfährt man hier übrigens auch etwas über die Schönheit der niederländischen Sprache. Denn wer kann schon einem *Pauwoogzoet-*

waterrog oder einem *Oogvlekko-raalvlinder* widerstehen, die auf Deutsch die eher prosaischen Namen Pfauenaugen-Stechroggen und Fähnchen-Falterfisch tragen?

Anfangs durften ausschließlich Mitglieder der Zoologischen Gesellschaft die wachsende Sammlung an Tieren das ganze Jahr über bestaunen, Nicht-Mitglieder hatten nur im September Zutritt. Doch seit 1852 ist der Zoo mit dem Titel *königlich* geadelt, und es dürfen tatsächlich alle Untertanen und ihre Besucher täglich eintreten. Der Aufklärung und Volksbildung verpflichtet, umfasste die Sammlung in den ersten Jahren nicht nur lebende Tiere, sondern auch Fossilien, geologische Fundstücke, völkerkundliche Exponate sowie literarische und botanische Sammlungen. Doch je mehr sich die Wissenschaften ausdifferenzierten, desto größer wurde der Platzbedarf, und alles, was nicht selbstständig laufen, fliegen, kriechen oder schwimmen konnte, wurde in andere Museen ausgelagert. Anfang des 20. Jahrhunderts ließ die Begeisterung für den Zoo bei der Bevölkerung jedoch immer mehr nach, und beinahe hätte *Artis* aus finanziellen Gründen schließen müssen. Auch die Zeit der Besatzung durch die deutschen Nationalsozialisten zwischen 1940 und 1945 setzte den Tieren und Zoo-Mitarbeitern schwer zu, doch danach ging es langsam wieder bergauf. Besonders in den letzten Jahrzehnten erlebte *Artis* eine regelrechte Renaissance. Das Gelände wurde noch einmal vergrößert, Landschaften – darunter eine südamerikanische Pampa, eine afrikanische Savanne und ein Lemurenland – wurden angelegt, historische Häuser tierfreundlich umgebaut, das bereits erwähnte Insektarium und der Schmetterlingspavillon eröffnet. Mittlerweile leben in *Artis* ca. 900 verschiedene Tierarten, darunter das Kräuselhaubenperlhuhn, das Weißgesichtseidenäffchen und die Gelbwangenschildkröte. Und 2014 sind noch einige tausend, fürs bloße Auge unsichtbare, Tierarten dazugekommen. Im *Microbia* kann der Besucher all die Tierchen in millionenfacher Vergrößerung bewundern, die die Sofakissen, den Kühlschrank und den menschlichen Körper bevölkern.

41

Kaffee
mit Flamingo

CAFÉ DE PLANTAGE

PLANTAGE KERKLAAN 36

1018 CZ AMSTERDAM

MO - FR 9-1, SA - SO 10-1

TELEFON: + 31 (0)20 76 06 800

WWW.CAFERESTAURANTDEPLANTAGE.NL

Hohe Decken, geschwungene Pfeiler, viele Pflanzen, viel Glas und viel Licht: Architektonisch erinnert *De Plantage* an eine Markthalle oder, was näherläge, an ein sehr großes Gewächshaus. Schließlich grenzt das große, helle Café und Restaurant direkt an *Artis*, den städtischen Zoo, zu dem das Gebäude einst auch gehörte. Errichtet wurde es Ende des 19. Jahrhunderts als Lokal für Mitglieder der Zoologischen Gesellschaft, die hier vermutlich etliche Versammlungen abhalten und wissenschaftlichen Vorträgen lauschen mussten, bevor sie zum gemütlichen Teil des Abends übergehen durften. Dieser Teil ist bis heute immer noch Programm in *De Plan-*

tage, und zwar den ganzen Tag über.

Vor einigen Jahren wurde das weitläufige Café geschmackvoll und in zeitloser Eleganz renoviert. Während der vordere Bereich von der langen Bar dominiert wird, kann man im hinteren und ruhigeren Bereich der Glasveranda gut essen, Kaffee oder ein Glas Wein trinken und hat dabei eine schöne Aussicht auf den *Artisplein.* Dieser Platz liegt am Rande des Zoos zwischen Vogelvolieren und alten Bäumen und ist frei zugänglich. An warmen Tagen kann man hier verweilen und den Flamingos bei ihrem majestätischen Gestelze zusehen.

42

BUS 48, 246 KATTENBURGERSTRAAT

Hotel Retro

Bei *Homeland* denkt der Serienjunkie vermutlich zuallererst an die aufsehenerregende amerikanische Fernsehserie, aber es ist davon auszugehen, dass die im Falle der *Pension Homeland* im Osten Amsterdams nicht Pate gestanden hat. Eher ist der Name dieser besonderen Unterkunft wohl inspiriert von dem Gelände, auf dem sie steht: der künstlich angelegten Insel *Kattenburg*. Unweit des Hafens wurden hier bereits im goldenen Zeitalter auf einer Werft die großen Segelboote der *VOC*, der Vereinigten Ostindischen Compagnie gebaut, die mit ihren Fahrten nach Asien den Niederlanden zur wirtschaftlichen Blüte verhalfen, indem sie unter anderem

PENSION HOMELAND
KATTENBURGERSTRAAT 5
1018 JA AMSTERDAM
TEL.: +31 (0)20 72 32 550
WWW.PENSIONHOMELAND.COM

die sogenannte »Gewürzroute« um das Kap der Guten Hoffnung bis nach Indien und Indonesien kontrollierte. Ab 1795 gehörte das Gelände offiziell zur Königlichen Marine, die hier ebenfalls Schiffe bauen ließ, zunächst aus Holz, später aus Metall. Mit dem Bau eines Damms vor dem Hafen, zum Schutz der Stadt vor Überflutung, wurde diese Werft jedoch 1915 in den äußersten Norden, nach Den Helder, verlegt und *Kattenburg* zu einem Ausbildungszentrum für Matrosen und Soldaten, doch auch die drücken mittlerweile anderswo die Schulbank. Während das einstige Marine-Magazin schon seit 1973 als Schifffahrtsmuseum fungiert,

wird seit einigen Jahren das gesamte Areal nach und nach für zivile Zwecke umgebaut. Kreativbüros und städtische Institutionen ziehen in die Gebäude ein, und ein über Jahrzehnte für die Öffentlichkeit geschlossenes Gelände mitten in der Stadt wird für alle zugänglich. Dazu gehört, dass man seit kurzem im ehemaligen Offiziersquartier ein Zimmer mieten oder in das dazugehörige Restaurant einkehren kann.

Das Interieur der *Pension Homeland* erinnert dabei immer noch an die Geschichte des in den 1960er Jahren errichteten Hauses. Die 31 Zimmer sind im originalen Stil der Zeit ausgestattet, zu dem man heute wohl Retro oder Vintage sagen würde. Auch das Restaurant wirkt immer noch ein wenig wie das einstige Offizierskasino, in dem die Männer gemeinsam ihre Mahlzeiten einnahmen und ihre freien Abende rauchend, trinkend und Billard spielend verbrachten. Hölzerne Deckenpanele, pastellbunte Wandmalereien, tiefe Sessel und Lampen aus geschliffenem Glas geben den Räumen eine wohnliche Note. Im Sommer kann man auf einer schönen Terrasse am Wasser sitzen, mitten in der Stadt und doch abseits der Hektik.

Java ganz nah

Vor der Tür des Cafés *Badhuis* sitzt ein alter Hippie mit grüner Mütze und lila Bommel, sein Fahrrad ist mit bunten Plastikblumen geschmückt. Nicht weit von ihm plaudern auf einer Bank zwei Frauen mit Kopftuch und Kinderwagen. Kein ungewöhnlicher Anblick in diesem Teil der Stadt, der *Indische Buurt*.

Während sich im *Jordaan* im Zentrum von Amsterdam und im Stadtviertel *De Pijp* längst zahlreiche Touristen tummeln, ist die *Indische Buurt* (Indisches Viertel) eher noch ein Geheimtipp, jedoch mit der Betonung auf »noch«. Denn auch dieses Stadtviertel im Osten der Stadt wurde in den letzten Jahren aufwendig saniert und das Café *Badhuis* am

BADHUIS JAVAPLEIN
JAVAPLEIN 21
1095 CJ AMSTERDAM
MO - DO 10-1, FR - SA 10-3, SO 10-0
TELEFON: +31 (0)20 66 51 226
WWW.BADHUIS-JAVAPLEIN.COM

Javaplein zum zentralen Treffpunkt für die Nachbarschaft.
1942 als öffentliches Badehaus
eröffnet, hatte es seine Funktion
bald erfüllt, als jeder sein eigenes
Bad bekam. Heute ist hier ein
gut besuchtes Café eingezogen,
mit viel Plüsch, schönen Kacheln
und Kamin.

Der Name des Viertels mag jedoch für deutsche Ohren leicht
irreführend sein, denn die Straßennamen – *Javastraat, Balistraat,
Borneostraat* oder *Sumatraplant-
soen* – nehmen nicht etwa Be-
zug auf Indien, sondern auf Nie-
derländisch-Ostindien, wie das
heutige Indonesien einmal hieß,
das lange unter holländischer
Kolonialherrschaft stand, ein äußerst ambivalentes Kapitel nie-

derländischer Geschichte, über
das noch nicht das letzte Wort
gesprochen ist.

Die Anfänge dieses Stadtteils jedenfalls datieren aus dem frühen
20. Jahrhundert, als Amsterdam
ein besonders starkes Bevölke-
rungswachstum erfuhr. Zu-
nächst lag das Arbeiterviertel etwas isoliert und abseits hinter
der Eisenbahnlinie, doch Ende
der 1930er Jahre wurden Verbin-
dungen zur Innenstadt gelegt
und rückte die *Indische Buurt* näher ans Zentrum. In den 1960er
und 1970er Jahren zogen dann
viele Bewohner, so sie es sich
leisten konnten, aus diesem etwas verwahrlosten Viertel in
bessere Gegenden und machten
Platz für Studenten, Hausbeset-

zer und sogenannte »neue Niederländer« aus Marokko, Indonesien oder der Türkei. Durch diesen Zuzug gehört die *Indische Buurt* bis heute zu den Vierteln mit einem besonders hohen Migrantenanteil, der das Leben auf der Straße und das kulinarische Angebot sichtbar bestimmt. Doch wie in anderen europäischen Städten auch, setzt mit der jüngsten Sanierung und Restaurierung auch hier ein Gentrifizierungsprozess ein, und nach und nach werden arabische Teestuben durch Cafébars und türkische Gemüseläden durch Bio-Supermärkte ersetzt. Trotzdem oder gerade deswegen lohnt sich ein Spaziergang durch die zentrale *Javastraat*, wo die alte und die neue Welt friedlich koexistieren. Ein kleiner Laden für bunte Klamotten bringt es mit seinem Namen auf den Punkt: *From West to East with love.*

44

TRAM 10 / BUS 48, 65 C. VAN EESTERENLAAN

Kulturbotschaft

LLOYD HOTEL
OOSTELIJKE HANDELSKADE 34
1019 BN AMSTERDAM
TELEFON +31 (0)20 56 13 636
WWW.LLOYDHOTEL.COM

LLOYD RESTAURANT
OOSTELIJKE HANDELSKADE 34
1019 BN AMSTERDAM
TÄGLICH 7-1
TELEFON +31 (0)20 56 13 677
WWW.LLOYDHOTEL.COM

Die Auswahl an Hotels ist in Amsterdam unüberschaubar, und wer nur einen Ort zum Schlafen sucht, dem kann jederzeit und in allen Preislagen geholfen werden. Wer Wert legt auf Atmosphäre, eine besondere Geschichte und Einrichtung, der stößt ganz von selbst auf das *Lloyd Hotel*, ein Haus, das sich auch *Cultural Embassy* (Kulturbotschaft) nennt. Unübersehbar steht das Gebäude, das entfernt an ein englisches Schloss erinnert, zwischen den Neubauten des noch nicht vor allzu langer Zeit erschlossenen östlichen Hafengebiets.
Wie der Name es vermuten lässt, wurde das Gebäude im Auftrag einer Schifffahrtsgesellschaft erbaut, und zwar 1918 bis 1921

durch die *Koninklijk Hollandsche Lloyd*. Gedacht war das Hotel für Reisende der Passagierlinie nach Südamerika, die im Amsterdamer Hafen ablegte. Da diese Linie nur alle drei Wochen Kurs nahm, sollten die Passagiere ihre Wartezeit komfortabel überbrücken können. Allerdings fanden nicht nur wohlhabende Reisende eine Herberge, sondern auch solche, die von einem neuen Leben träumten. Bis 1936 machten tausende osteuropäische Juden im *Lloyd Hotel* Station auf ihrem Weg in die südamerikanische Emigration. Nach dem Bankrott der Schifffahrtsgesellschaft nutzte der niederländische Staat das Haus zunächst weiter als Auffangzentrum, vor allem für jüdische Flüchtlinge aus Nazi-Deutschland, bevor es noch während des Zweiten Weltkriegs zum Gefängnis umgewidmet wurde. Bis 1989 wurden hier jugendliche Straftäter untergebracht, da das Gelände – heute kaum mehr vorstellbar – weit abseits des Stadtzentrums lag. Doch nach 1989 verfiel das Haus zusehends, wurde hin und wieder als Atelier genutzt, und erst 1996 rief die Stadt einen Wettbewerb zur Nutzung des markanten Baus aus. Seit 2004 ist es nun also Hotel und Kulturbotschaft zugleich. Man kann hier nicht nur in einem der sehr individuell und originell gestalteten Zimmer in allen Preisklassen übernachten, sondern auch Ausstellungen oder Veranstaltungen besuchen. Wer nicht über Nacht bleiben möchte, kann im *Lloyd Restaurant* einkehren oder sich die Zeit in einer Bibliothek vertreiben. Auf dem Weg zum oder vom *Lloyd Hotel* stehen an der *Oostelijke Handelskade* weitere Gebäude des einstigen *Lloyd*-Komplexes: Einige Wohnhäuser für *Lloyd*-Mitarbeiter sind wieder bewohnt, die ehemalige Lagerhalle *Brazilië* gegenüber dem Hotel wurde zu einem Einkaufszentrum, das einstige *koffiehuis* für Mitarbeiter ist nun als Café und Restaurant *KHL* für jedermann zugänglich.

45

TRAM 10 / BUS 48, 65 AZARTPLEIN

Insel der zwei Namen

Lange beschränkten sich die lohnenden Ziele für Besucher Amsterdams auf das Zentrum der Stadt und den *Museumplein*. Doch das ändert sich schon seit geraumer Zeit massiv. Besonders rund um den Hafen wandelt sich das Antlitz der Stadt rasant. Alte, zu Wohnraum umgebaute Speicher und Hafengebäude stehen hier neben Neubauten, die die maritime Ästhetik aufnehmen und erweitern.

Wie dieses Zusammenspiel von Tradition und Moderne gelingen kann, das lässt sich besonders gut auf dem *KNSM-eiland* besichtigen. Diese im 19. Jahrhundert künstlich angelegte Insel im östlichen *IJ* war bis 1977 Standort der *Koningklijke Nederlandsche*

KANIS EN MEILAND
LEVANTKADE 127
1019 MJ AMSTERDAM
MO - FR 8.30-1, SA - SO 10-1
TELEFON + 31 (0)20 73 70 674
WWW.KANISENMEILAND.NL

Stoomboot Maatschappij, kurz *KNSM*, einer Reederei, die unter anderem Liniendienste nach New York und Südamerika anbot. Nach dem Wegzug der *KNSM* wurden die Insel und ihre verlassenen Gebäude zum Mekka für Hippies, Künstler und Aussteiger aus ganz Europa. Wohl nicht zufällig hieß ein von ihnen betriebenes Café *Het einde der wereld*, das Ende der Welt. Doch in den 1990er Jahren räumten Bulldozer die selbstgebauten Unterkünfte der Aussteiger, eine Aktion, die selbstredend von Protesten begleitet war. Doch der Masterplan für ein neues Wohnquartier sollte in kürzester Zeit umgesetzt werden.

Fährt man heute über den *Verbin-dingsdam*, so liegt linker Hand das *Java-eiland* und rechter Hand das *KNSM-eiland*. Die langgezogene Insel hat also eigentlich zwei Namen. Doch während das *Java-eiland* völlig neu bebaut wurde, ist das *KNSM-eiland* gerade wegen seines architektonischen Mixes interessant. Hinter dem *Verbindingsdam*, am *Azartplein*, beginnt die *KNSM-laan*, eine Allee, an deren Eingang ein imposanter Brunnen Bewohner und Besucher willkommen heißt. Amphitrite, die griechische Meeresgöttin, und ihr Sohn Triton wachen hier, in Bronze gegossen, über die Insel. Man kann nun die Hauptstraße hinunterlaufen, wo sich einige ausgewählte Geschäfte für Möbel, Kunst und Bücher befinden. Oder man wählt rechts und links die Wege am Wasser. Hier liegen Wohnboote, Segelschiffe und Frachtkähne, und man wähnte sich in einer kleinen Hafenstadt, wären die Häuser am Ufer nicht so hoch. Allen voran der *Skydome*, ein grau glitzerndes Hochhaus mit 22 Etagen, erbaut von Wiel Arets. Mit sechs Etagen wesentlich niedriger, aber dafür auch massiver ist das *Barcelona* des Belgiers Bruno Albert, ein Sozialbau im neoklassizistischen Stil, dessen Mittelpunkt ein runder begrünter Platz bildet, der von zwei riesigen schmiedeeisernen Toren begrenzt wird. Und schließlich *Piräus*, vom deutschen Architekten Hans Kohlhoff entworfen, der sich dafür von der Amsterdamer Schule inspirieren ließ und mit dunklem Backstein arbeitete. Im scharfen Kontrast zu den Neubauten stehen verstreut über die ganze Insel alte Hafengebäude. Die ehemalige Wartehalle der Reederei ist heute als *Kompaszaal* ein großes Café im Stil der 1950er Jahre, die alte Werftkantine zwischen *Piräus* und *Barcelona* ein eindrucksvolles Haus auf Stelzen mit großen Atelierwohnungen. Das netteste Café der Insel befindet sich allerdings an der Pierseite des *Piräus*, wo man im Sommer natürlich auch draußen am Wasser sitzen kann. Es ist das *Kanis en Meiland*, dessen Name genauso klingt wie der Name der Insel, jedenfalls wenn man ihn schnell genug ausspricht.

Amsterdam Süd

46

TRAM 2 VALERIUSPLEIN

Hippness und Bohème

DE VONDELTUIN
VONDELPARK 7
1075 VR AMSTERDAM
TÄGLICH 10-21 UHR (MÄRZ - SEPTEMBER)
TELEFON : +31 (0)6 27 56 55 76
WWW.VONDELTUIN.NL

Joost van den Vondel wird in Holland gern in einem Atemzug mit William Shakespeare und Johann Wolfgang Goethe genannt, auch wenn er vielleicht nicht ganz über deren Weltruhm verfügt. 1587 war Vondel in Köln zur Welt gekommen, wo er aber nur die ersten sieben Jahre seines Lebens verbrachte, bevor er in den Niederlanden zu einem der wichtigsten Dichter und Dramatiker des goldenen Zeitalters aufstieg. Niederländische Schüler haben deshalb bis heute das zweifelhafte Vergnügen, sich mit Vondels Renaissance-Gedichten und seinen epischen Dramen herumzuschlagen, wovon »Gijsbrecht van Aemstel« das berühmteste ist, ein Trauerspiel um eine Ams-

HIPPNESS UND BOHÈME / 160

terdamer Weihnachtsnacht Anfang des 14. Jahrhunderts.

Wer aber als Besucher nach Amsterdam kommt, den wird Vondel vor allem als Namenspatron des zweitgrößten Parks der Stadt interessieren. Der *Vondelpark* unweit von *Leidseplein* und *Rijksmuseum* gehört zu den schönsten Grünanlagen der Stadt und genau deshalb auch zu den beliebtesten. Mehr als zehn Millionen Menschen besuchen den Park jedes Jahr. Viele nutzen die breiten Alleen als Radweg zwischen dem Stadtteil Amsterdam West und dem Zentrum der Stadt, andere kommen zum Joggen, Skaten oder Fußball spielen her. Auch für Hundebesitzer und junge Eltern ist der Park populärer Treffpunkt, und in der warmen Jahreszeit sind die Wiesen dicht besetzt mit jungen Leuten aus allen Himmelsrichtungen, die mehr oder weniger lärmend das Leben genießen. Kurzum, im *Vondelpark* ist immer etwas los. Allerdings konzentriert sich der Rummel in der Regel auf das vordere Drittel des Parks, wenn man ihn von der Stadt aus betritt. Nimmt man sich die Zeit und läuft oder radelt etwas weiter stadtauswärts, entfaltet der Park seinen eigentlichen Charme als städtischer Ruhepol und grüne Oase. Ganz am südlichen Ende des Parks, fast schon am *Amstelveenseweg* liegt schließlich der *Vondeltuin. Tuin* heißt Garten, und was wir vermutlich schnöde als Biergarten bezeichnen würden, nennt man hier etwas eleganter Terrasse, inhaltlich ist es aber das Gleiche. Ein unter alten Bäumen gelegenes Draußen-Café, bei dem es allerdings kein Drinnen gibt, das heißt, ein Besuch lohnt nur in den Monaten März bis September, dann aber umso mehr. Denn im *Vondeltuin* verbindet sich aufs Schönste die Hippness der Amsterdamer Boheme mit dem *Laissez-faire* der holländischen Gastronomie. An bunt zusammengewürfelten Tischen und in Liegestühlen trifft sich die Nachbarschaft mit dem Rest der Welt, man bestellt *hapjes,*

Sandwiches oder ganze Mahlzeiten an der Bar, bekommt es später gebracht, und über allem liegt eine entspannte und freundliche Atmosphäre. Allerdings, das sei angemerkt, besonders ruhig geht es hier nicht zu, denn nebenan liegt ein großer Kinderspielplatz, der den *Vondeltuin* besonders attraktiv für Familien macht. Während die Kleinen dort um die Wette schaukeln, genießen ihre (Groß-)Eltern die Pause und einen Cappuccino oder – spätestens ab 17 Uhr – den ersten Weißwein.

Herz und Seele

Aus einem Café klingt etwas blechern, aber unverkennbar die Stimme von André Hazes. Lange waren seine Schlagerschnulzen vielen Niederländern peinlich, doch in den letzten Jahren vor seinem Tod im Jahr 2004 avancierte der kleine runde Mann zur Legende, deren Musik bis heute auf keiner Party fehlen darf. Zum Beispiel *Een beetje verliefd* (Ein bisschen verliebt), eine Schmonzette, die man – ob man will oder nicht – so schnell nicht mehr aus dem Ohr bekommt. Aufgewachsen ist André Hazes im einstigen Arbeiterviertel *De Pijp*, einem Stadtteil, der ähnlich wie der *Jordaan* mittlerweile von Studenten und wohlhabenden Bohemiens bevölkert wird, was seinem

ALBERT CUYPMARKT
ALBERT CUYPSTRAAT
1072 CK AMSTERDAM
MO - SA 9-17
WWW.ALBERTCUYP-MARKT.AMSTERDAM

Charme aber nicht abträglich ist. Eine wichtige Lebensader ist der *Albert Cuypmarkt,* an dessen Ecke nicht nur das bereits erwähnte Café liegt, sondern auch ein Denkmal für den Schlagerstar steht, vor dem seine Fans immer wieder frische Blumen ablegen. Dabei vermischt sich die Musik aus dem Café mit den Stimmen der Marktleute, die hier singend, pfeifend und schmeichelnd ihre Produkte anpreisen. Und sie tun es mit einem gewissen Stolz, denn es gibt zwar viele Wochenmärkte in Amsterdam, aber es gibt nur einen *Albert Cuyp.*

Diesen einen Kilometer langen und 260 Stände umfassenden Markt zwischen *Van Woustraat* und *Ferdinand Bolstraat* halten manche für den größten der Niederlande, wenn nicht gar von Europa. Ob das stimmt, lässt sich kaum nachprüfen; der lebendigste und fröhlichste Markt ist es auf jeden Fall, und das, was man typisch Amsterdam nennt, lässt sich vor allem bei den Marktleuten erleben, bei denen ein großes Herz und ein loses Mundwerk nicht weit von einander entfernt sind. Von Montag bis Samstag kann man hier ganze Hausstände zusammenkaufen. Unterhosen, Socken, Pyjamas, glitzernde Abendkleider, Pluderhosen mit Tigermuster, dazu alte und neue Möbel, Öfen und Waschmaschinen, Stoffe für alle Gelegenheiten, Käse und Fleisch in allen Varianten, frisches Gemüse, getrocknetes Obst, außerdem Fisch, Kaffee, Seife, Schuhe, Taschen, Fahrräder, Blumen. Und wer schon genug von alldem hat, der kommt trotzdem, denn hinter den Ständen und in den Nebenstraßen finden sich eine große Anzahl Cafés und Kneipen, in denen das Leben auch nach 17 Uhr weitergeht, wenn der Markt geschlossen wird.

Gegründet wurde *Albert Cuypmarkt* übrigens ausgerechnet in dieser, nach einem Kunstmaler benannten Straße, weil sich hier Ende des 19. Jahrhunderts immer wieder fliegende Händler versammelten und die Polizei irgendwann genug hatte, sie zu verjagen. 1905 wurde das Markttreiben legalisiert, und seitdem ist keine Woche vergangen, in der hier nichts verkauft, verjubelt und vertrieben wurde.

Schlafen für den Frieden

Auf den ersten Blick ist das Gefälle zwischen den sozialen Klassen und Schichten in Amsterdam nicht so deutlich sichtbar wie beispielsweise in London oder Paris, obwohl die Geschichte zunächst ähnlich verlief. Auch Amsterdam erlebte im 19. Jahrhundert einen von allgemeiner Industrialisierung und Landflucht ausgelösten Wachstumsschub. Hatte die Stadt 1810 noch 180 000 Einwohner, waren es 1900 bereits 520 000. Um Wohnraum zu schaffen, wurden deshalb Maßnahmen ergriffen, die aus der beschaulichen Stadt eine echte Metropole machen sollten. Rund um den Grachtengürtel entstanden völlig neue Viertel wie *De Pijp*, *Kinkerbuurt* und *Dapperbuurt*.

APOLLOLAAN
1077 AA AMSTERDAM

Bisher außerhalb liegende Dörfer wie *Watergraafsmeer* oder *Sloten* erlebten eine Wiedergeburt als eingemeindete Stadtteile. Menschenfreundlicher Städtebau und ein ausgeklügeltes System der Wohnungsvergabe sorgten dafür, dass Vertreter aller Einkommensklassen in die neuen Viertel zogen. Erst in den letzten Jahrzehnten zeigen sich die Folgen einer schleichenden Gentrifizierung. Vor allem im Zentrum der Stadt wehren sich alteingesessene Bewohner gegen den Ausverkauf ihrer Häuser an internationale Immobilienhändler und den langen Krakenarm von Airbnb.

Es gibt allerdings auch Gegenden, die traditionell zu den besseren gehört und bis heute wenig von ihrer eleganten und großbürgerlichen Anmutung verloren haben.

So wurde für den Amsterdamer Süden Anfang des 20. Jahrhunderts der bis heute legendäre *Plan Zuid* (Plan Süd) aufgelegt, mit dem der noch junge Stadtteil generalstabsmäßig bebaut werden sollte. Breite Straßen und Alleen, Bahnhöfe und Parks, die Amsterdamer Schule als tonangebender Baustil: Bis heute hat der Süden Amsterdams ein unverwechselbares Gesicht. Dabei ist die *Apollolaan*, mitten in *Amsterdam Zuid*, tatsächlich eine der wenigen echten Alleen der Stadt, durchzogen von einem breiten grünen Mittelstreifen. Links und rechts davon stehen

Wohnhäuser und Hotels im typischen Backsteinstil der Amsterdamer Schule. Ein Haus, das sich jedoch stilistisch abhebt, ist das *Hilton Amsterdam* an der Ecke *Minervalaan*. 1958 in V-Form errichtet, war es eines der ersten Hotels der amerikanischen Kette in Europa und steht heute unter Denkmalschutz. Internationalen Ruhm erhielt das Haus, als John Lennon und Yoko Ono 1969 kurz nach ihrer Hochzeit hier ein »bed-in for peace« abhielten. Sieben Tage blieben sie im Bett und gaben von diesem bequemen Posten aus Interviews, die zum bedrohten Weltfrieden beitragen sollten. Bis heute kann man den Popikonen nacheifern und die »John-und-Yoko-Suite« buchen, allerdings ist das nicht ganz preiswert. Sieben Nächte Weltfrieden würden dort derzeit etwas mehr als 8000 Euro kosten. 2001 war das *Hilton* dann Schauplatz eines weit tragischeren Ereignisses, das zumindest national für Schlagzeilen sorgte. Die Pop- und Kunstwelt in den Niederlanden wurde zutiefst erschüttert, als sich der Sänger, Dichter, Maler und *enfant terrible* Herman Brood hier im Alter von 54 Jahren vom Dach stürzte. Allerdings tat er das nicht, ohne noch eine letzte Botschaft an die Nachwelt zu hinterlassen. Auf einem Zettel, den er bei sich trug, standen folgende Worte: »Ich habe keine Lust mehr, vielleicht sehen wir uns eines Tages wieder. Feiert schön!«

Und noch ein historisches Kapitel wird hier zumindest gestreift. Nicht weit entfernt vom *Hilton*, an der Kreuzung von *Apollolaan* und *Beethovenstraat* finden sich drei Bronzefiguren, die einmal mehr auf die Zeit der Amsterdamer Besatzung durch die deutschen Nationalsozialisten verweisen. Das *Monument voor de gefusilleerde verzetstrijders* (Denkmal für die hingerichteten Widerstandskämpfer) erinnert daran, dass hier im Oktober 1942 29 Menschen erschossen wurden, nachdem ein deutscher NS-Offizier von niederländischen Widerstandskämpfern getötet worden war. Ein reiner Racheakt, denn die Opfer der Hinrichtungen waren zum Zeitpunkt des Anschlags längst inhaftiert. Die drei bronzenen Männer, die den Eindruck erwecken, als würden sie gerade den Moment vor ihrer Erschießung erleben, wurden vom Bildhauer Jan Havermans geschaffen und 1952 vom Amsterdamer Bürgermeister enthüllt.

Alle zwei Jahre wird die *Apollolaan* zur Kulisse für die *Art Zuid*, eine internationale Skulpturenausstellung, die hier zwischen Mai und September gastiert.

Nazi-Hauptquartier

Eine ruhige Wohngegend, eine Kirche, ein kleiner Park, alles schön saniert und aufgeräumt. Äußerlich erinnert in dieser Straße nichts mehr an dunkle Zeiten. Es sind die Straßenschilder, die irritieren. *Gerrit van der Veenstraat* – in diesem Viertel fällt dieser Name aus dem Rahmen. Denn während die *Apollolaan*, die *Minveralaan* und die *Cliostraat* im vornehmen Teil von *Amsterdam Zuid* nach griechischen Göttern benannt wurden, gibt es die *Euterpestraat* – benannt nach der griechischen Muse der Lyrik und Musik – heute nicht mehr. Stattdessen steht auf den Schildern der Name eines bekannten Widerstandskämpfers. Ein Blick

GERRIT VAN DER VEENSTRAAT
1077 DM AMSTERDAM

in die Geschichtsbücher genügt, um zu klären, warum der Name *Euterpe* an dieser Stelle für immer untragbar ist. Denn hier befand sich, in einer ehemaligen Mädchenschule, in den Jahren 1940 bis 1945 das Hauptquartier des deutschen Sicherheitsdienstes. Niederländische Widerstandskämpfer, die sich dem Regime nicht unterwerfen wollten, wurden hier inhaftiert und gefoltert. Darüber hinaus befand sich in der *Euterpestraat* auch die sogenannte »Zentralstelle für jüdische Auswanderung«, eine äußerst zynische Bezeichnung für ein Büro, das für die Deportation der jüdischen Bevölkerung zuständig war. Und das alles ausgerechnet in dem Viertel Ams-

terdams, in dem sich seit 1933 besonders viele jüdische Flüchtlinge aus Deutschland niedergelassen hatten.

Bereits im Mai 1945, kurz nach der Befreiung der Niederlande, wurde die *Euterpestraat,* die längst zum Synonym für Terror geworden war, deshalb umbenannt, und sie erinnert nun an ebenjenen Gerrit van der Veen, der ein eindrucksvoller Mann gewesen sein muss. 1902 in Amsterdam geboren, hatte er bereits eine viel versprechende Karriere als Bildhauer gemacht, bevor er sich weigerte, in die von den Besatzern eingerichtete *kultuurkamer* – einem Pendant zur nationalsozialistischen Kulturkammer – einzutreten. Später war er an mehreren Anschlägen und Überfällen auf nationalsozialistische Einrichtungen beteiligt, unter anderem auf das Bevölkerungsregister, das die Nazis für ihre Deportationslisten nutzten, weil hier unglücklicherweise auch die Religionszugehörigkeit der Amsterdamer verzeichnet war. Der Anschlag glückte jedoch nur teilweise, und bei dem Versuch, eine Haftanstalt am *Weteringsschans* zu überfallen und die Gefangenen zu befreien, wurde Gerrit van der Veen schwer verletzt, festgenommen und 1944 hingerichtet.

Die Mädchenschule, in der die

Deutschen fünf Jahre lang Angst und Schrecken verbreiteten, wurde nach Krieg und Besatzung wieder zu einer Schule, diesmal mit musischem Schwerpunkt. Wie die Straße auch trägt sie heute den Namen *Gerrit van der Veen*. Eine Plakette am Eingang erinnert an die unheilvolle Geschichte dieses Ortes.

50

TRAM 16, 24 / BUS 62 OLYMPISCH STADION

Sieg für Tarzan

Viermal hat sich Amsterdam bisher für die Austragung der Olympischen Sommerspiele beworben, zuletzt 1992. Geklappt hat es allerdings nur einmal, zu einer Zeit, als Sportler noch echte Helden waren, im Jahr 1928.

Es war ein Jahr, das mitten in die Bauphase des *Plan Zuid* fiel und natürlich wollten und mussten die Architekten auf die Olympischen Spiele reagieren. Kurzerhand widmeten sie deshalb ein geplantes Industriegelände um und schufen so Platz für das Herzstück der Spiele: das *Olympisch Stadion*. Dem Zeitgeist entsprechend baute der renommierte Architekt Jan Wils mit Beton, ließ das Stadion aber mit den für das Viertel typischen roten Back-

OLYMPISCH STADION
1076 DE AMSTERDAM
TEL.: +31 (0)20 30 54 400
WWW.OLYMPISCHSTADION.NL

steinen verkleiden und kümmerte sich ebenfalls um die Details. So wachen am Haupteingang, dem Marathon-Tor, zwei Skulpturen über das Geschehen, unter der dahinterliegenden Marathon-Tribüne wurden Büros und Lagerräume eingerichtet. Weiterhin gab es in dem zu seiner Zeit hochmodernen Stadion Cafés, eine Telegrafenstation, eine Post und sogar eine Polizeistation mit einer Gefängniszelle, falls es während der Spiele zu kriminellen Zwischenfällen käme. Im Marathon-Turm am anderen Ende des Stadions brannte während der Sommerspiele das erste Mal das olympische Feuer. Es soll ebenfalls auf eine Idee des Architekten zurückgehen, der damit auf die Beschwerde einiger christlicher Politiker reagierte. Denen missfiel es nämlich, dass während der Spiele die Sonntagsruhe nicht eingehalten würde, weshalb der Sozialist Jan Wils kurzerhand dieses heidnische, weit sichtbare Symbol erfand. Bei der Bevölkerung löste das Feuer vor allem amüsierte Reaktionen aus. Die riesige Betonschale, in dem es loderte, wurde zum »Aschenbecher für KLM-Piloten« erklärt.

Obwohl dieser massive Bau des Stadions manchen Kritikern zu schwer daherkam und sie sich an eine uneinnehmbare Festung erinnert fühlten, gewann Jan Wils den Olympischen Kunstwettbewerb, der parallel zu den Sportwettkämpfen ausgerufen worden war. Heute wirkt das Stadion im Vergleich zu modernen Sportarenen jedoch ganz und gar nicht mehr schwer oder abweisend. Im Gegenteil, es strahlt sogar eine gewisse Zartheit aus, die gerade durch die roten Backsteine noch unterstrichen wird.

Am 28. Juli 1928 jedenfalls wurden die sechsten Olympischen Sommerspiele der Neuzeit feierlich eröffnet. Allerdings in Abwesenheit von Königin Wilhelmina, die beleidigt darüber war, dass der Termin nicht mit ihr abgestimmt worden war. Statt ihrer eröffnete ihr Mann Prinz Hendrik die Spiele, bei denen Sportler aus 46 Ländern in sechzehn Sportarten gegeneinander antraten. Zum ersten Mal durften in der Leichtathletik und im Turnen auch Frauen teilnehmen, was nicht bei allen Funktionären auf Zustimmung stieß, und Johnny Weißmueller, der spätere Darsteller des »Tarzan«, gewann in Amsterdam zwei Goldmedaillen im Schwimmen, was sicher auch dabei half, dass am Ende die USA den Medaillenspiegel anführten, vor Deutschland und Finnland. Nach diesen einzigen Olympischen Spielen auf niederländischem Boden wurde das Stadion vor allem für nationale Wettkämpfe, Fußballturniere und gesellschaftliche Großereignisse genutzt. 2016 fanden hier zum Beispiel die Leichtathletik-Europameisterschaften statt, und jedes Jahr im Oktober beginnt und endet hier der Amsterdam-Marathon. Um diese historische Anlage zu besichtigen, darf man jedoch völlig unsportlich sein.

Junge mit Kaninchen

Ein steinernes Mädchen trägt eine kleine Katze auf den Schultern, ein kleiner nackter Junge steht neben einem Ochsen. Die Kinder und die Tiere, die hier still und für die Ewigkeit aufgestellt sind, scheinen sich gut miteinander zu verstehen. Einige stehen etwas unauffällig am Wasser und leicht könnte man sie übersehen, doch der Name der Brücke, um die die Skulpturen gruppiert sind, schärft den Blick. *Kinderbrug* (Kinderbrücke) heißt sie und überspannt die Gracht *Boerenwetering* zwischen *Churchilllaan* und *Muzenplein*. Es ist eine von fast 1300 Brücken, die es in Amsterdam geben soll und von denen einige zu den meistfotografierten Motiven der Stadt ge-

KINDERBRUG
MUZENPLEIN 1
1077 WC AMSTERDAM

hören, darunter die *Magere Brug* oder die *Blauwbrug,* die beide die Amstel überspannen. Nicht zu vergessen die vielen namenlosen, über die vielen Grachten verlaufenden Brücken, deren mehr oder weniger hohen Anstiege so manchen ungeübten Radfahrer zum Absteigen zwingen.

Die *Kinderbrug* dagegen ist zwar weniger bekannt, dafür aber besonders originell. Die ersten Jahrzehnte des 20. Jahrhunderts, als in Amsterdam an allen Ecken und Enden gebaut wurde, waren nämlich auch gute Zeiten für sogenannte Kunst im öffentlichen Raum. Skulpturen und Denkmäler aus dieser Zeit lassen sich in Parks und auf Plätzen finden, aber eben auch auf Brücken. So

wurden für die *Kinderbrug* zehn Bildhauer gebeten, Kinderfiguren zu gestalten, die alle ein Spielzeug oder ein Tier bei sich haben. Außer dem Mädchen mit der Katze und dem Jungen mit dem Ochsen fällt besonders das Mädchen mit dem Pferd ins Auge. Diese Skulptur trägt den etwas pathetischen Titel »Die Unbefangenheit der Menschen gegenüber dem Leben«. Weniger pathetisch dagegen und weniger riesig sind das »Mädchen mit Eichhörnchen« und der »Junge mit Kaninchen«. Sie alle stehen direkt auf der *Kinderbrug,* erinnern an zu Stein gewordene Märchenfiguren und beflügeln auf ganz unsentimentale Weise die Fantasie des Passanten.

Amsterdam
West

52

Sieben auf einen Streich

Es gibt wenige Städte in Europa, deren Gestalt so sehr vom Welthandel bestimmt ist wie Amsterdam. Das goldene Zeitalter mit seinen großen Handelsgesellschaften brachte der Stadt materiellen Wohlstand und geistige Freiheit, die vor 300 Jahren vermutlich größer waren als heute. Im 18. und 19. Jahrhundert stagnierte der Welthandel allerdings, andere Nationen zogen an den Niederlanden vorbei. Statt selbst in die Ferne zu segeln, begannen die Amsterdamer, sich in ferne Gegenden zu träumen und ihre eigene Stadt mit fremd anmutenden Gebäuden auszustaffieren. Besonders augenscheinlich wird dies in der *Roemer Visscherstraat*. Etwas versteckt

liegt sie zwischen der belebten Verkehrsachse *Overtoom* und dem *Vondelpark* und ist benannt nach einem bekannten Kornhändler des goldenen Zeitalters, der offensichtlich mehrfach begabt war und deshalb in seiner Freizeit auch dichtete und übersetzte. Doch weniger der Name dieser Straße ist von Interesse als eine Reihe von besonderen Häusern, die hier wie an einer Perlenschnur aufgereiht stehen, die sogenannten *Zevenlandenhuizen*, was man mit »Sieben-Länder-Häuser« übersetzen kann. Der Name ist Programm, denn jedes der sieben Wohnhäuser zwischen Hausnummer 20 und 30 ist im Stil eines anderen europäischen Landes erbaut worden: *Duitsland, Frankrijk, Spanje, Italie, Rusland, Nederland* und *Engeland*. Selbst in kriegerischen Zeiten herrschte in dieser Straße Frieden zwischen der Nachahmung einer spanisch-maurischen Villa, der Nachahmung eines italienischen Palazzo und der Nachahmung einer russischen Kathedrale. Und während Deutschland durch ein romantisch verklärtes Haus mit Spitzbögen repräsentiert wird, erinnert der französische Nachbar zumindest entfernt an ein Loire-Schloss.

Errichtet wurde diese originelle Häuserreihe Ende des 19. Jahrhunderts vom Architekten Tjeerd Kuipers, der damit den Zeitgeist des Exotismus einfing, einer ästhetischen Stilrichtung, die alles, was fremd und exotisch wirkte, feierte. Damit es zu keinen Verwechslungen kommt, steht an jedem Haus über dem Eingang der Name des entsprechenden Landes. So kann man mitten in Amsterdam mit nur ein paar Schritten eine architektonische Reise durch Europa machen.

Praktisch und schön

MUSEUM HET SCHIP
OOSTZAANSTRAAT 45
1013 WG AMSTERDAM
DI - SA 11-17
TELEFON: +31 (0)20 68 68 595
WWW.HETSCHIP.NL

Gerade Linien, schlichte Formen, praktische Details: Außerhalb des Zentrums, außerhalb des Grachtengürtels, begegnet man ihr immer wieder, der *Amsterdamse School,* dem Baustil der Amsterdamer Schule. Im Osten und Süden der Stadt finden sich ganze Straßenzüge, die als geschlossene architektonische Ensemble erhalten sind. Auch in Amsterdam Nord stehen Häuserzeilen dieser Epoche. Dort sind sie allerdings unscheinbarer und den Lebensverhältnissen des kleinbürgerlichen Viertels angepasst. Einige große soziale Wohnprojekte, Kaufhäuser und Kirchen wurden ebenfalls im Stil der Amsterdamer Schule errichtet.

Entstanden Anfang des 20. Jahrhunderts, erinnert die Amsterdamer Schule sowohl an Art déco und Jugendstil als auch an die Neue Sachlichkeit. Unverwechselbar sind der rote Backstein und die sogenannten *laddervenster*, also Fenster, die mit ihren kurzen Längsstreben wie Leitern wirken. Dazu kommen Verzierungen an den Giebeln, Türmchen, runde Formen und Details, die zugleich verspielt und praktisch daherkommen. Wie Gebrauchsfreundlichkeit und Schönheit dieses genuin niederländischen Stils einander ergänzen, wie zeitlos und modern nicht nur die Architektur, sondern auch das Design der Amsterdamer Schule war und immer noch ist, das lässt sich in einem kleinen feinen Museum in der *Spaarndammerbuurt* besichtigen. Der Architekt Michel de Klerk verwirklichte in diesem Viertel unweit vom Hauptbahnhof seine Vorstellung von einem luftigen und hellen Sozialbau, der die Balance zwischen Individualität und Masse wahren sollte. Schon das Gebäude, in dem sich das Museum befindet, ist Amsterdamer Schule in Reinform. Der einstige, im Volksmund auf *Het Schip* (Das Schiff) getaufte Wohnblock, war als einer von drei Arbeiterpalästen errichtet worden. Die Hafenarbeiter, denen die Wohnungen zugewiesen wurden, fanden hier einen bis dahin ungekannten Komfort vor, mit eigenen Bädern, Küchen und fließendem Wasser.

Die Geschichte des Baustils kann man im *Museum Het Schip* anhand ausgesuchter Exponate studieren. Keramik, Haushaltsgegenstände, Möbel, Schmuck sind hier unter anderem ausgestellt, außerdem kann man eine typische Arbeiterwohnung der 1920er Jahre besichtigen. Regelmäßig werden auch kleinere und größere Führungen rund um *Het Schip* und durch die ganze Stadt angeboten, auf den Spuren eines besonders menschenfreundlichen Amsterdamer Baustils.

54

Kulturfabrik

WESTERGASFABRIEK
PAZZANISTRAAT 33
1014 DB AMSTERDAM
TELEFON: +31 (0)20 58 60 710
WWW.WESTERGASFABRIEK.NL

In ganz Europa ist es zu einer schönen Übung geworden, alte Industriegelände zu kulturellen Zentren umzubauen. Das kann man im Ruhrgebiet genauso besichtigen wie in Berlin oder London. In Amsterdam steht der Name *Westergasfabriek* für ein gelungenes Projekt dieser Art. 1883 eröffnet, legten die Architekten besonderen Wert auf schön gestaltete Fabrik- und Bürogebäude und orientierten sich dabei an der holländischen Neorenaissance, die man unter anderem auch am Amsterdamer Hauptbahnhof oder am *Rijksmuseum* antrifft. Noch bis in die 1960er Jahre wurde in der *Westergasfabriek* Gas, das aus Steinkohle gewonnen wurde, für

Straßenlaternen und öffentliche Gebäude Amsterdams bereitgestellt. Allerdings wurde dabei wenig Rücksicht auf den Umweltschutz genommen, und so blieb nach der Werksschließung ein schwer kontaminiertes Gelände zurück, von dem lange nicht klar war, wie man es jemals wieder nutzen sollte. Erst in den 1990er Jahren, als überall in der Stadt verwahrloste Gebäude und Gegenden plötzlich interessant wurden, entschied man, auf der vier Hektar großen Fläche der *Westergasfabriek* einen Park anzulegen und die Gebäude für kulturelle Zwecke zu nutzen. Heute finden hier Festivals und Open-Air-Konzerte aller Art statt; es gibt immer wieder Kunstmessen und Ausstellungen, das renommierte Programmkino *Ketelhuis* ist hier zu Hause und die sehr populäre Talkshow »De wereld draait door« (ein Titel, den man sowohl mit »Die Welt dreht sich weiter« als auch mit »Die Welt dreht durch« übersetzen kann) entsteht hier täglich live zwischen 19 und 20 Uhr. Tagsüber fungiert das Gelände der *Westergasfabriek* als Ruhepol: Man kann durch den angrenzenden *Westerpark* radeln, die alte Industriearchitektur bewundern, im *Bakkerswinkel* bei Kaffee und Kuchen ausruhen oder an der Gracht ein Boot mieten und durch die Stadt schippern.

55

Essen fassen

Ob Bratwurst, Falafel oder asiatische Köstlichkeiten – Streetfood ist in den letzten Jahren immer beliebter geworden, und die Termine der Streetfood Festivals, bei denen man sich ein Wochenende lang an den unterschiedlichsten Varianten der Straßenküche gütlich tun kann, häufen sich. Allerdings macht Streetfood nur richtig Spaß, wenn das Wetter mitspielt. Regen oder Schnee können leicht den Appetit verderben. In Amsterdam kann man das ganze Jahr über und bei jeder Wetterlage Streetfood bekommen, in den eigens dafür eingerichteten *Foodhallen* auf dem Gelände von *De Hallen*. Ähnlich wie bei der *Westergasfabriek* wurde hier vor nicht allzu

FOODHALLEN
BELLAMYPLEIN 51
1053 AT AMSTERDAM
SO - DO 11-23.30, FR - SA 11-1
WWW.FOODHALLEN.NL

langer Zeit eine nicht mehr ge-
nutzte Straßenbahnremise zu
einem Ort für Kunst, Kultur und
urbane Kulinarik ausgebaut, der
sofort zum Lieblingsort vieler
Anwohner, Zugereister und Touristen wurde. Wenn man einmal
einen Sitzplatz in dem hohen
Speisesaal gefunden hat, muss
man sich nur noch entscheiden,
worauf man Appetit hat. Eine
harte Prüfung, vor allem, weil
die ganze Halle erfüllt ist von
Küchendüften aus aller Welt.
Chinesische Dim Sum, amerikanische Burger oder holländische
Bitterballen? Indisches Curry,
australisches Steak oder italie-
nische Pizza? Man kann natürlich auch einfach danach entscheiden, welcher Standname

einem der liebste ist, denn die
sind hier besonders fantasievoll
ausgefallen, unter anderem kann
man sich an »Bulls and Dogs«,
»Baowowow« oder »The rough
kitchen« wenden. Wie bei Streetfood üblich, gibt es hier keine
Kellner, sondern holt man sich
die Gerichte ab und kann sich
damit niederlassen, wo immer
man mag, im vorderen Bereich
der Halle an Bistrotischen, weiter hinten an grob gezimmerten
Holztafeln. Überhaupt umweht
die gesamte Einrichtung ein
Hauch von Vintage, wie er heute
in vielen Lokalen populär ist. Die
Stände der *Foodhallen* sind allerdings keineswegs improvisiert,
sondern exklusiv eingerichtete
Garküchen, und man kann den

Köchen jederzeit beim Zubereiten der Gerichte zusehen. Das klappt zumindest tagsüber, denn gegen Abend wird es in den *Foodhallen* immer voller, jeden Freitag und Samstag legen DJs Platten auf, dienstags gibt es Live-Musik, und irgendwann wird hier sowieso mehr getrunken als gegessen. Bald fühlt man sich wie in der Küche einer riesigen Studenten-WG, wo man Bewohner und Gäste nicht mehr auseinanderhalten kann und alle zusammen mächtig viel Spaß haben.

Amsterdam
Nord

Beste Aussichten

A'DAM TOREN
OVERHOEKSPLEIN 1
1031 KS AMSTERDAM
PLATTFORM TÄGLICH GEÖFFNET 10-22
(ZUGANG BIS 21)
WWW.ADAMTOREN.NL

Mit den Füßen über den Rand eines 100 Meter hohen Hochhauses zu schwingen, dafür braucht man schon starke Nerven. Und die müssen die vielen Leute wohl besitzen, die sich jeden Tag anstellen, um auf dem *A'DAM-Toren* für ein paar Minuten auf Europas höchster Schaukel ihren Adrenalinspiegel anzukurbeln. Passenderweise trägt diese Schaukel den Namen *Over the Edge.* Allerdings muss man nicht unbedingt mitschaukeln, um von der Aussichtsplattform eine hervorragende Sicht auf die Stadt zu haben. Denn der *A'DAM-Toren* liegt, obwohl offiziell bereits auf dem Gebiet von Amsterdam Nord, sehr zentral, vom Hauptbahnhof gut sichtbar, auf der ge-

hatte, fungierte er vor allem als riesige Litfaßsäule. Doch 2014 begann mit der Erschließung des Stadtviertels Amsterdam Nord ein neues und, wie sich bald herausstellte, strahlendes Kapitel für den inzwischen leicht verkommenen Standort. Eine vollständige Sanierung und zwei zusätzliche Stockwerke machten aus einem unscheinbaren Hochhaus eine echte Attraktion. Während sich heute auf den ersten zwanzig Etagen unter anderem ein elegantes Hotel, Kreativbüros und Clubs befinden, sind in luftiger Höhe ein Restaurant und eine Sky-Bar angesiedelt, die sich langsam um ihre eigene Achse drehen, so dass man das komplette Panorama der Stadt bewundern kann: die Altstadt Amsterdams, das sich stets verändernde Hafengebiet und das fast ländlich anmutende Stadtviertel Amsterdam Nord. Besonders zum Sonnenuntergang ist die Aussicht spektakulär, und der Adrenalinspiegel steigt auch ohne nervenaufreibendes Schaukeln.

genüberliegenden Seite des IJ-Hafens. Mit seinem beweglichen Dachgeschoss, das abends in unterschiedlichen Farben leuchtet, gehört er seit 2016 im wahrsten Sinne des Wortes zu den Highlights der Stadt und hat damit eine erstaunliche Metamorphose hinter sich. Denn nachdem die Ölgesellschaft Shell, die den Turm 1966 als Bürogebäude errichtet hatte – weshalb es im Volksmund schlicht *Shell-Toren* hieß –, ihn 2009 aufgegeben

FÄHRE 901, 907 BUIKSLOTERWEG

Kino modern

Schön doppeldeutig ist der Name des Amsterdamer Filmmuseums *EYE*. Denn während das Wort auf Englisch bekannterweise »Auge« bedeutet, spielt es im Niederländischen lautmalerisch auf den Standort des Museums an: am *IJ*. Es ist dies ein Ort, an dem man nicht nur in die Filmgeschichte eintauchen, sondern auch von früh bis spät Filme anschauen kann. Ideale Bedingungen also beispielsweise für Regentage in Amsterdam, von denen es doch vergleichsweise viele gibt (oder wie Herman van Veen in einem seiner Lieder singt: »Es regnet und regnet und wenn es nicht regnet, wird es gleich regnen«). Bereits von weitem fällt die besondere Form des Museums auf,

EYE FILMMUSEUM
IJPROMENADE 1
1031 KT AMSTERDAM
TÄGLICH 10-19 (FILMKASSE BIS 22)
TELEFON +31 (0)20 58 91 400
WWW.EYEFILM.NL

die wahlweise an eine strahlend weiße Sprungschanze oder einen abhebenden Papierflieger erinnert. Erbaut wurde es vom Wiener Architekturbüro Delugan Meissl, dessen Porsche Museum in Stuttgart ähnliche Maße aufweist. Auf einer Fläche von 1200 Quadratmetern werden im Amsterdamer Filmmuseum wechselnde Ausstellungen zur kinematografischen Geschichte gezeigt, darunter Retrospektiven zu bekannten Regisseuren von Woody Allen bis Martin Scorsese, die von einem üppigen Filmprogramm in vier Sälen begleitet werden. Dabei kann das Museum auf die größte Filmbibliothek des Landes zurückgreifen, die aus 46 000 Filmen, 500 000 Fotos, 41 500 Postern und unzähligen Drehbüchern und Sammelobjekten besteht. Im Untergeschoss des Museums stehen Boxen, in denen man sich historische Aufnahmen ansehen kann, darunter Stadtansichten von Amsterdam aus dem Jahr 1900, die verglichen mit heute fast idyllisch anmuten.

Man muss jedoch nicht unbedingt ins Museum oder ins Kino gehen, um das Museumsrestaurant oder die dazugehörige große Terrasse zu besuchen. Der Blick auf das *IJ* und *Amsterdam Centraal* ist es auf jeden Fall wert.

58

BUS 32, 761 PURMERPLEIN

Luft und Licht

Ist man einmal mit einer der kostenlosen Fähren hinter dem Bahnhof über das *IJ* gefahren und hat das gut besuchte Nord-Ufer mit dem *EYE Filmmuseum* und dem *A'DAM-Toren* hinter sich gelassen, wird es bald ruhiger auf Straßen und Plätzen – und grüner. Es empfiehlt sich deshalb, diese Gegend mit dem Fahrrad zu erkunden. Denn anders als im stets überlaufenen Stadtzentrum ist man hier auch als eher ungeübter Tourist nicht in Gefahr, bei der geringsten Unaufmerksamkeit sein Leben aufs Spiel zu setzen.

Dass im Stadtteil Amsterdam Nord mehrere einstige Dörfer nach und nach zusammengewachsen sind und mit neuen

TUINDORP NIEUWENDAM
PURMERPLEIN
1023 BC AMSTERDAM

Siedlungen ergänzt wurden, ist unübersehbar. Besonders schön nachvollziehen lässt es sich unter anderem am *Tuindorp Nieuwendam,* einer kleinen, unter Denkmalschutz stehenden Gartenstadt. Als Reaktion auf die große Wohnungsnot Anfang des 20. Jahrhunderts und die unzumutbaren Zustände innerhalb des Grachtengürtels begann die Stadt Amsterdam, auch jenseits des Hafengebietes großangelegte Wohnungsbauprogramme zu realisieren und Siedlungen für Arbeiter und Kleinbürger zu errichten. Der Ausbruch des Ersten Weltkriegs – an dem sich die Niederlande übrigens nicht beteiligten – und eine Sturmflut im Jahr 1916 verzögerten den Baubeginn, doch zwischen 1924 und 1934 entstand diese Neubausiedlung, die sich mit ihren zweistöckigen Häusern, Straßen und Plätzen bewusst an einem dörflichen Charakter orientierte und zugleich für damalige Verhältnisse sehr modern daherkam, vor allem was die hygienischen Verhältnisse anging. Rund um den *Purmerplein* lässt sich das gut erhaltene architektonische Ensemble erkennen. Für die Menschen, die hier kurz nach Fertigstellung einzogen und die vermutlich aus der Enge des *Jordaan* oder von *De Pijp* hierherkamen, muss es ein kleines Paradies gewesen sein, mit viel Luft und Licht. Heute ist *Tuindorp Nieuwendam* ein beschaulicher, für unser Auge wohl auch eher unscheinbarer Ort, von dem man kaum glauben mag, dass er immer noch zu Amsterdam gehört. Aber gerade deshalb ist er ein schönes Beispiel für die vielen Gesichter dieser Stadt, von denen jedes eine andere Geschichte erzählt.

Gleich
hinterm Deich

Die Straßennamen in Amsterdam Nord sind bereits ein Hinweis darauf, wie es hier in längst vergangenen Jahrhunderten ausgesehen hat. Weite Grünflächen, dem Wasser abgerungen, fruchtbar gemacht und mit Deichen umfasst, die vor hohen Fluten schützen mussten. Und gleich hinterm Deich standen die Häuser von Fischern und Bauern. *Dijk*, das niederländische Wort für Deich, taucht entsprechend häufig auf Stadtplänen auf, und auch die zentralen Viertel in Amsterdam Nord sind mit *Buiksloterdijk* und *Nieuwendammerdijk* nach Deichen benannt. Während im *Tuindorp Nieuwendam* die Gebäude keine 100 Jahre alt sind, kann man sich am

BUIKSLOTERDIJK UND
NIEUWENDAMMERDIJK
1025 WB AMSTERDAM

Buiksloterdijk und *Nieuwendammerdijk* anschauen, wie man hier in den Jahrhunderten davor lebte. Auf und hinter dem Deich stehen dicht an dicht kleine Fischerkaten und größere Deichgrafvillen, die mehr oder weniger frisch saniert und in allen Farben leuchtend heute Wohnhäuser Ruhe suchender Amsterdamer sind und zugleich ein pittoreskes Postkartenmotiv abgeben. Die ältesten Häuser am *Buiksloterdijk* stammen aus dem 16. Jahrhundert, darunter auch das *kapiteinshuis* (Kapitänshaus) mit der Nummer 280. Benannt ist dieser Deich nach dem einstigen Dörfchen *Buiksloot*, dessen Geschichte bis ins 13. Jahrhundert zurückreicht. 600 Jahre lang lag es am offenen und wilden Wasser der *Zuiderzee*, was entsprechend hohe Deiche erforderte. Erst 1932, mit der Errichtung des *Afsluitdijk* (Abschlussdeich) zwischen dem nordholländischen Dorf Den Oever und dem friesischen Dorf Zurich ganz im Norden der Niederlande, entstand das *IJsselmeer*, wie wir es heute kennen. Dieses vergleichsweise ruhige Binnenmeer, das heute vor allem von Sonntagsseglern und Freizeitfischern befahren wird.

Der *Nieuwendammerdijk* ist, man ahnt es, natürlich auch nach einem Dorf benannt, nach *Nieuwendam*, das aus wenig mehr als aus dieser einen Straße bestand. Heute ist der Deich bei schönem Wetter von Ausflüglern gut besucht und er fungiert zugleich als Durchgangsstation für Radtouren am Wasser entlang Richtung Norden, nach *Durgerdam*, *Holysloot* und *Monnickendam*, pittoresken nordholländischen Dörfern, die einen Besuch ebenfalls jederzeit lohnen.

Schiffe und Fische

ORANJESLUIZEN
ZUIDER IJDIJK 51
1095 KP AMSTERDAM

Es ist wirklich eine Wissenschaft für sich, alle Gewässer in und um Amsterdam auseinanderzuhalten. Allein 165 Grachten gibt es in der Stadt, dazu unzählige kleine und große Häfen, und auch das *IJ* unterteilt sich – ähnlich wie die Innen- und die Außenalster in Hamburg – in *Binnen-IJ* und *Buiten-IJ*. Während das *Binnen-IJ* das westliche Hafengebiet umfasst und in den Nordseekanal mündet, ist das *Buiten-IJ* bereits Teil des *IJsselmeeres*. Getrennt werden die beiden Gewässer durch eine eindrucksvolle Schleusenanlage, die *Oranjesluizen* zwischen *Schellingwoude* und *Zeeburg*. Sie sorgt dafür, dass Schiffe und Fische von der Nordsee über den Nordseekanal und

Binnen-IJ ins *IJsselmeer* fahren bzw. schwimmen können. Drei Schleusen öffnen und schließen sich dabei für kleine Fischer- und Vergnügungsboote, eine Schleuse ist der großen Binnenschifffahrt vorbehalten, und zwei Passagen sind ausschließlich für Fische eingerichtet, damit auch sie den Weg zwischen dem Binnenmeer und der Nordsee und wieder zurück finden.

Ursprünglich errichtet wurden die *Oranjesluizen*, um das Gefälle zwischen dem Nordseekanal und der *Zuiderzee,* dem Vorläufer vom *IJsselmeer,* auszugleichen. Heute sorgen sie außerdem dafür, dass nicht zu viel Salzwasser aus dem Nordseekanal ins *IJsselmeer* fließt. Dass sie mit *Oranje-* *sluizen* einen königlichen Namen tragen, haben sie Willem III. zu verdanken. Er legte am 29. April 1870 den Grundstein für die Schleusenanlage und verlieh ihr die royale Bezeichnung seines Adelsgeschlechts, der Oranjes. Eine kleine Gedenktafel erinnert heute noch daran. Nur zwei Jahre nach der Grundsteinlegung, im September 1872, fuhr bereits das erste Schiff durch die *Oranjesluizen*, bedient von Schleusenpersonal, das keine weiten Wege hatte und jederzeit schnell von den Wohnhäusern am nördlichen Ufer herbeigerufen werden konnte, die unweit des *Nieuwendammerdijk* extra errichtet worden waren. Geplant wurde die zu ihrer Zeit hochmoderne Anlage vom Wasserbauingenieur Johannis de Rijke, der nach diesem Projekt eine bemerkenswerte Karriere in Japan machte. Dass er Dämme vor dem Hafen von Osaka und einen wichtigen Kanaltunnel bei Kyoto baute, dankten die Japaner ihm mit einem Denkmal.

Um dem wachsenden Schiffsverkehr an den *Oranjesluizen* Herr zu werden, wurde 1995 eine weitere Schleuse errichtet, die ebenfalls nach einem Oranjer benannt wurde, die *Willem-Alexander-Sluis.* Während sie für die großen »Pötte« der Binnenschifffahrt reserviert ist, werden die historischen *Oranjesluizen* nur noch von privaten Booten genutzt. Von denen passieren aber immer noch ca. 100 000 im Jahr die schöne alte Schleusenanlage. Wie viele Fische dazukommen, hat zwar niemand gezählt, aber vor allem im Sommer ist es ein fast meditatives Vergnügen, all den großen und kleinen Booten beim Ein- und Ausfahren zuzuschauen und sich zu überlegen, auf welchem der Schiffe man gern mal mitfahren würde.

Ausflüge

Ein berühmtes Haus

HET BEROEMDE HUIS
DE ERVEN 10-14
1115 AS BROEK IN WATERLAND
TELEFON: +31 (0)6 24 68 75 55
WWW.HETBEROEMDEHUIS.NL

Der kürzeste Weg, um dem Trubel in Amsterdam für ein paar Stunden zu entfliehen und Sauerstoff zu tanken, ist gen Norden, diesmal allerdings über Amsterdam Nord hinaus. Hier radelt man nämlich schon bald zwischen einsamen Poldern und auf endlos schmalen Deichen entlang. Unter weitem Himmel, nur mit Wasser, Grün und ein paar Kühen im Blick, wird die Seele bald ruhig. Und sie wird sogar noch ruhiger, hat man mit etwas Glück den Wind im Rücken und nicht im Gesicht.

Wer jedoch nicht völlig ziellos durch die Gegend radeln möchte, dem sei ein Ausflug nach *Broek in Waterland* empfohlen, einem besonders idyllisch ge-

legen Dorf in der Gemeinde *Waterland*.

Die typisch nordholländischen Holzhäuser sind hier in leuchtenden Farben gestrichen. Statt Hausnummern sind über den Eingangstüren individuelle Verzierungen und Jahreszahlen ins Holz graviert. Das älteste Gebäude im Dorf ist allerdings die Kirche *St. Nikolaas*, deren Fundamente aus dem 14. Jahrhundert stammen. Benannt ist sie nach *St. Nikolaas*, dem Schutzheiligen der Seefahrer, lebten doch in *Broek* ursprünglich eher Matrosen als Bauern. Erst als das große Zeitalter der Seefahrt vorüber war, wurde Viehzucht die wichtigste Einkommensquelle, und Milch und Butter wurden nach Ams-

terdam geliefert. Die Viehzucht wiederum hatte Einfluss auf den Grundriss der Gebäude. An die Rückseite der bestehenden Häuser wurden nämlich Scheunen angebaut, von denen manche bis heute erhalten sind.

Offensichtlich ermöglichten Milch und Butter den Bewohnern von *Broek* ein gutes Leben, das Zeit für Reinlichkeit und Muse ließ. Denn bereits im 18. Jahrhundert galt *Broek in Waterland* als besonders reiches, sauberes und schönes Dorf. Wohlhabende Amsterdamer, denen das Leben in der Stadt schon damals zu laut oder zu schmutzig wurde, bauten sich hier Sommerresidenzen oder zogen gleich ganz aufs Land. Besonders der *Havenrak* direkt am Wasser war begehrt und wurde so malerisch bebaut, dass *Broek* hin und wieder illustre Gäste begrüßen konnte. So kam Kaiser Josef II. im Jahr 1781 zu Besuch, wurde aber beim Versuch, eines der Häuser zu besichtigen, nicht vorgelassen, da die Besitzerin keine Zeit für ihn hatte. Auch Napoleon und der russische Zar Alexander I. sollen das Dorf besucht haben. Heute stehen 83 Häuser in *Broek* unter Denkmalschutz, darunter auch das *Het beroemde huis* (das berühmte Haus) an *De Erven 10–14* aus dem Jahr 1626. Dieses Haus hatte so häufig den Besitzer gewechselt hat und war so oft renoviert worden, dass niemand ahnte, welche Kostbarkeit hier verborgen lag. Als 1987 wieder einmal neue Eigentümer einzogen, entschieden sie sich für eine gründliche Restaurierung und stießen zu ihrer Überraschung unter etlichen Farbschichten auf prächtige Wandmalereien aus dem 17. Jahrhundert. Engel und Vögel bevölkern die Zimmerdecken, exotische Orte mit Pflanzen und Fabelwesen schmücken die Wände. So hat sich wohl in dem kleinen nordholländischen Dorf jemand die große Welt in sein Haus geholt.

Schöner Friedhof

ZORGVLIED
AMSTELDIJK 273
1079 LL AMSTERDAM
MO - FR 9-17, SA - SO 10-17

Ob es das ein zweites Mal gibt? Einen ausgewachsenen Gorilla als Grabstein? Mit einem Babygorilla im Arm? Auf dem Grab eines ermordeten Drogenbarons? Gehen wir ruhig davon aus, dass diese exzentrische Variante einer letzten Ruhestätte nur einmal existiert, auf *Zorgvlied,* einem Friedhof, der wie *Père Lachaise* in Paris oder *Highgate Cemetery* in London als bekanntester und schönster Friedhof Amsterdams gilt. Sein Name lässt uns wissen, dass dies ein Ort ist, an dem unsere Sorgen endgültig davonfliegen oder auch fliehen, je nach Perspektive. Etwas außerhalb an der Amstel gelegen, wurde *Zorgvlied* 1870 angelegt, in einer Zeit also, in der nicht nur die lebenden Men-

schen in der Stadt immer mehr wurden, sondern auch die toten. Tonangebender Gartenarchitekt von *Zorgvlied* war Jan David Zocher. Er entwarf den Friedhof als englischen Landschaftspark, in dem Baumgruppen, freie Plätze und verborgene Orte ein harmonisches Ganzes bilden sollten. Besonders in den großbürgerlichen Kreisen wurde der Friedhof populär und es entstand ein regelrechter Wettbewerb um die exklusivsten und teuersten Grabsteine und Grabfiguren, von denen viele bis heute zur romantischen Atmosphäre des Friedhofes beitragen und unter Denkmalschutz stehen. In den letzten Jahrzehnten wich die Romantik allerdings einer gewissen Exzentrik.

Neben dem schon erwähnten Gorilla bleibt besonders ein in Stein gemeißelter halb nackter Krieger in Erinnerung, genauso wie das Grab des Diskobetreibers Manfred Langer. Der ließ sich 1994 unter einer Statue seiner selbst begraben, die, so wie er es zu Lebzeiten oft genug getan hat, ein Bierglas in der Hand hält.

Jedoch müssen sich Hinterbliebene, die lieber auf klassische Ruhestätten setzen, in ihrer Trauer nicht von kuriosen Nachbargräbern gestört fühlen. Denn mittlerweile ist der Friedhof in 25 sogenannte *sfeerwijken* eingeteilt, abgegrenzte Abteilungen, die alle eine eigene Atmosphäre haben. So gibt es zum Beispiel einen eigenen Bereich für früh verstorbene Babys, das *Sterretjesveld* (Sternchenfeld). Wer ein besonders ausgefallenes Grab wünscht, kann sich unweit des Mannes mit dem Bierglas in der Abteilung *Paradiso* zur Ruhe legen.

Natürlich sind auch prominente Niederländer auf *Zorgvlied* begraben, unter ihnen der Rocksänger Herman Brood, der Bierbrauer Gerard Heineken und der Schriftsteller Harry Mulisch. Wobei man Wert darauf legt, dass hier jeder seine letzte Ruhestätte finden kann, Menschen jeglicher Herkunft und jeglicher Religion. Für sie alle soll *Zorgvlied* eine »Oase der Seele« sein.

63

Wald, Wiesen, Pfannkuchen

BOERDERIJ MEERZICHT
KOENENKADE 56
1081 KG AMSTERDAM
DI - SO 10-19 (MÄRZ - OKT) /
FR - SO 10-18 (NOV - FEB)
TEL.: +31 (0)20 67 92 744
WWW.BOERDERIJMEERZICHT.NL

BESUCHERZENTRUM BOSWINKEL
BOSBAANWEG 5
1082 DA AMSTELVEEN
DI - SO 10-17
TELEFON: +31 (0)20 54 56 100
WWW.AMSTERDAMSEBOS.NL

Pfannkuchen mit Apfel, Zucker und Zimt, Pfannkuchen mit Banane, Schokoladensoße und Schlagsahne, Pfannkuchen mit Schinken und Käse – die *Boerderij Meerzicht* hat wirklich alle Varianten parat, die die Niederländer mögen, wenn sie ein *Pannenkoekenhuis* besuchen. Diese Pfannkuchenhäuser finden sich überall im Land, die *Boerderij Meerzicht* gehört aber sicher zu den schönsten: ein alter Bauernhof mitten im Wald, genauer gesagt im *Amsterdamse Bos*. Offiziell gehört dieser Wald bereits zur Nachbargemeinde Amstelveen, aber längst stehen die trennenden Ortseingangsschilder mitten in dicht besiedelten Wohngebieten und ist der *Amsterdamse Bos* aus

allen Himmelsrichtungen ein gut besuchtes Ausflugsziel.

So wie Anfang des 20. Jahrhunderts anderswo ganze Stadtteile am Reißbrett entstanden, sah der sogenannte *Boschplan* (Waldplan) großzügig angelegte Erholungsgebiete vor, die allen Bevölkerungsschichten zugänglich sein sollten. Für die Amsterdamer stellte man sich eine Mischung aus englischem Landschaftsgarten und deutschem Volkspark vor, eine Verbindung also aus schön gestalteten Grünanlagen und Möglichkeiten für aktive Erholung in Form von Sportanlagen und Spielplätzen. Ein ehrgeiziges Projekt, das viel Arbeitskraft erforderte. Doch weil die Planung des Parks in den 1930er Jahren und der erste Spatenstich am 30. April 1934 mitten in die niederländische Wirtschaftskrise fiel, wurde der *Amsterdamse Bos* kurzerhand zu einer großen Arbeitsbeschaffungsmaßnahme auserkoren, ohne die der Park vermutlich nie seine heutigen Ausmaße erreicht hätte. Bis zu 20 000 Arbeitslose wurden zu einem geringen Lohn beschäftigt, unter ihnen – auch das gehört zur Geschichte des Parks – jüdische Zwangsarbeiter. Sie wurden während der deutschen Besatzung eingesetzt und in einem Arbeitslager unweit des Parks interniert. Erst 1970 galt die Anlage offiziell als abgeschlossen, ein weitläufiges Gelände, das heute dreimal so groß ist wie der Central Park in New York. Man kann hier mittlerweile über 116 Brücken laufen, 137 Kilometer weit wandern und 150 verschiedene Baumarten finden. Im Sommer gibt es Aufführungen in einem Freilichttheater, die *Zonneweide* ist Anhängern der FKK-Kultur vorbehalten, für Kinder gibt es ein Planschbecken und einen Ziegenbauernhof und natürlich kann man sich hier auch sportlich verausgaben, laufend, radelnd, schwimmend, reitend, Tennis spielend oder rudernd. Für alle Wassersportarten wurde gleich zu Beginn der Bauarbeiten eigens die *Bosbaan* angelegt, ein 2,2 Kilometer langes und 118 Meter breites Gewässer, auf dem regelmäßig nationale und internationale Wettkämpfe im Rudern, Kanu-, Drachenboot- und Speedboat-Fahren sowie im Schwimmen stattfinden. Wer lieber auf Entspannung setzt, der findet am Rand des *Amsterdamse Bos* den Wellness-Tempel *Zuiver*. Man kann es aber auch ganz klassisch halten, eine kleinere oder größere Runde durch den Wald spazieren, die Aussicht und die Ruhe genießen und sich am Ende mit einem Pfannkuchen in der *Boerderij Meerzicht* belohnen.

Wehrhaftes Inselchen

STICHTING FORTEILAND PAMPUS
VESTINGPLEIN 1
1398 VE MUIDEN
DI - FR 11.30-16, SA - SO 10.30-17
TELEFON: +31 (0)294 26 23 26
WWW.PAMPUS.NL

Wenn ein Niederländer seufzend zugibt, er läge *voor pampus*, dann will er damit sagen, dass er entweder ziemlich faul, sehr satt oder ordentlich betrunken ist. Auf jeden Fall fühlt er sich offensichtlich wie ein Schiff, das auf eine Sandbank gelaufen ist. Abgeleitet ist diese Redewendung nämlich von einer Untiefe im *IJ* vor den Toren Amsterdams, auf der in früheren Jahrhunderten immer wieder Schiffe aufliefen. Weil diese Untiefe vor allem aus Schlamm und Schlick bestand, erinnert der Name nicht ohne Grund an das deutsche Wort »Pampe«.

Seit 1885 heißt aber auch eine künstliche Insel an dieser Stelle *Forteiland Pampus* (Festungsinsel

Pampus). Es ist wohl eine der kleinsten Inseln der Niederlande. Gerade 205 Meter lang und 164 Meter breit, wurde sie als ein Stützpunkt der *Stelling van Amsterdam* errichtet, einem 135 Kilometer langen Verteidigungsring rund um die Stadt. Um die Insel anzulegen, wurden 4000 Pfähle in den Meeresboden gerammt. Anschließend wurde eine zweistöckige, hoch aufgerüstete Militäranlage gebaut, die im Falle eines Angriffs von Seeseite als Vorhut dienen sollte. Allerdings

kam es nie zu solch einem Angriff. Während die Niederlande im Ersten Weltkrieg ihre Neutralität aufrechterhalten konnten, kam der Feind im Zweiten Weltkrieg über Land, und nachdem im Hungerwinter 1944/45 das *IJsselmeer* zugefroren war und die Amsterdamer alles verfügbare Holz von der Insel abtransportiert hatten, verfiel die Anlage zusehends und wurde zum Treffpunkt für Hippies und feiernde Studenten. Seit den 1980er Jahren hielten schließlich einige ehrenamtliche Kräfte die Anlage in Stand. Doch erst 2007 begann die offizielle Restaurierung von *Forteiland Pampus*. Zu erreichen ist das wehrhafte Inselchen mit der Fähre ab Muiden, Amsterdam IJburg oder Almere. Heute gibt es hier ein Café, eine Multimedia-Ausstellung und ein Besucherzentrum, von dem aus Führungen durch die Wehranlagen stattfinden. Man kann aber auch einfach die Aussicht auf die vorbeiziehenden Schiffe genießen und sich vorstellen, dass dies die berühmte einsame Insel wäre, von der man im gehetzten Alltag immer mal wieder träumt.

REGISTER